爱就完全了律法

爱就完全了律法

李载禄博士

"爱是不加害与人的，
所以爱就完全了律法。"

罗马书13章10节

自序

成就属灵的爱，
得进新耶路撒冷

　　英国有一家广告公司悬赏重金征询从苏格兰爱丁堡最快到达伦敦的诀窍。在众多征文作品中独居榜首的答案是："与心爱的人同行"。与心爱的人同行，路遥不知其远，日久不知其乏。同样，当我们爱神的时候，遵行祂的话语便一点都不难（约翰一书5章3节）。神赐我们律例典章，吩咐我们遵守诫命，并不是要难为我们。

　　律法，希伯来语叫"托拉"，包含着规范、教训之意。通常指以十诫为核心的摩西五经，也指整本《圣经》66卷书中的神言，或指其中当行的、不可行的、须遵守的、该离弃的诫命。一般认为律法和爱是独立存在的，但其实这两者有着密不可分的关系。爱是从神来的，因此不爱神的人是不会全守律法的。唯独本着爱心行事为人，才能完成律法一切的要求。

　　有一则故事淋漓尽致地反映出爱的巨大威力。有一个人驾驶轻型飞机穿越沙漠时不慎坠落，他是世界顶级大富豪的儿子。父亲动员搜救队全力进行搜救，但仍没有发现儿子的下落。父亲便将数百万张传单遍撒在沙漠上，传单上面写着"儿啊，我爱你！"在沙漠徘徊无助的儿子，看到传单大受鼓舞，重新得力，抓住一线生存希望，最终获得了拯救。就是父真诚的爱救了这个儿子。如同这位父亲将爱的传单撒于沙漠，我们也要将神的大爱向普世众生传扬。这是我们义不容辞的使命。

赐我们律法的神，为了拯救因罪而堕落的人类，差遣独生爱子耶稣到这地上，显明了祂至高的大爱。就是以超乎公义的大爱完全了律法。然而，耶稣时代的律法主义者们，只拘泥于律法的形式而未能认识神的真爱。他们把奉神差遣的神子耶稣污蔑为"废掉律法，亵渎神性"的罪人，最终把祂钉在十字架上。因为他们未能明白律法的本意就是神的爱。

哥林多前书13章向我们揭晓属灵的爱的本质，这一篇章凝聚着父神差遣独生爱子，赎出我们脱离罪与死亡的大爱，以及神子耶稣降世为人，被钉十架，为我们舍命的大爱。为了在这如同旷野的世界上，向行将死亡的众灵魂传扬神的大爱，我们必须领悟并践行这属灵的爱。

爱就完全了律法

"我赐给你们一条新命令，乃是叫你们彼此相爱；我怎样爱你们，你们也要怎样相爱。你们若有彼此相爱的心，众人因此就认出你们是我的门徒了。"（约翰福音13章34-35节）

感谢父神使《爱就完全了律法》这一宝贵的属灵书籍，能够在迎接秋收感恩节之际发刊问世。这本书用来衡量我们用真理打造的属灵爱心和圣洁情怀。借此向为本书的出版付出辛劳的编辑局长宾锦善以及所有同工深表谢意。同时祝愿阅读此书的所有读者，都能以爱完全律法，得进天国至美的圣城——新耶路撒冷。

2009年11月

李载禄博士

用真理更新自己，
打造全备的爱心

某一家有线电视台针对已婚女性进行问卷调查。提问是："如果有再次选择的机会，是否还要与现在的丈夫结婚？"结果相当令人震惊：愿意与现在的丈夫结婚的只有4%。他们的婚姻应该是建立在相爱的基础上，然而他们起初的爱心却经不起时间的考验而褪色变质，原因何在？正是因为没有属灵的爱。《爱就完全了律法》这本书从属灵的层面上向我们诠释爱的真谛。

第一部"爱的真谛"讲述夫妻之间的爱、父子之间的爱、朋友之间的爱、邻舍之间的爱等人间各种类型的爱，揭晓何为属灵的爱和属肉的爱。属灵的爱是不求回报，坚贞不渝的真爱。反之属肉的爱是因着环境和条件而反复无常的虚空的爱。借以诠释属灵之爱的宝贵与美好。

第二部"论爱的篇章"，将哥林多前书第13章的信息从三个方面进行分解。第一"合神心意的爱"（哥林多前书13章1-3节），是爱的篇章中的绪论部分，强调属灵之爱的重要性。第二"爱的特征"

（哥林多前书13章4-7节），是属于爱的篇章之主体部分，具体讲述属灵之爱所包含的十五种特性。第三"完全的爱"，是爱的篇章之结论部分，揭晓爱的永恒性——信心与盼望是我们为了进天国所暂时必要的，但爱则要一直延续到天国，永世常存。

第三部"爱就完全了律法"，揭示"以爱完全律法"的蕴义，并传递在地上耕作人类的神丰富的慈爱，以及为我们敞开救赎之路的基督的大爱，作为本书的尾声。

全本《圣经》共有1189章，其中爱的篇章所占据的比重很少——不过是一章的分量。然而这爱的篇章仿佛是用来寻找巨大宝藏的示意图，向我们指明去往新耶路撒冷的路径。但行动是关键，有了示意图，却不照着行，仍是毫无用处。

同样，我们听了神真理的话语，却不遵行，就不能造就属灵的爱心。唯独在属灵的爱中建立自己，方能蒙神的喜爱与赐福，终究进入至美的圣城——新耶路撒冷。爱，是神创造人类并耕作人类的目的。希望各位读者能够以爱神为至上，并爱人如已，获得打开新耶路撒冷珍珠门的钥匙。

2009年11月

编辑局长 宾锦善

你们若单爱那爱你们的人，

有什么可酬谢的呢？

就是罪人也爱那爱他们的人。

路加福音6章32节

第一部

爱的真谛

MEANING OF LOVE

属灵的爱

亲爱的弟兄啊，我们应当彼此相爱，

因为爱是从神来的。凡有爱心的，都是由神而生，

并且认识神。没有爱心的，就不认识神，

因为神就是爱。（约翰一书4章7-8节）

爱这个词，令所听的人感到温馨惬意，心旌荡漾。倘若能够爱一个人，与其终生厮守分享爱与被爱的幸福，人的快乐就没有比这个大的。有的人甚至凭靠爱的力量，克服逆境，战胜死亡，获得新生。爱，是幸福不可或缺的元素；爱，具有改变人生的伟大力量。

爱的词义（韩）为：恋惜、珍重；无偿地付出；为人助人的情怀；男女间相互恋慕的感情等等。然而神所指的爱是更高境界的爱，即属灵的爱。属灵的爱是永恒不变的爱，是求别人的益处，带给人救恩、永生、喜乐与盼望的真爱。

妻子领丈夫归主的感人故事

一位信仰虔诚的女圣徒，因为出席教会，遭到丈夫的虐待。在百般的逼迫中，她依然坚持到教会献晨祷，恳切地为丈夫归主祷告。有一天她把丈夫的鞋子揣在怀里照常去做晨祷。到了殿里，她抱着丈夫的鞋子，流着泪向神祷告："神啊，今天是这双鞋子来到教会，但我相信您必使这双鞋子的主人也同来这里！"

时隔多日，发生了惊人的事情——丈夫终于来到了教会。事情是这样的：从某一天开始，丈夫要上班的时候，意识到自己那双鞋子总是热乎乎的，觉得蹊跷。为了探知究竟，丈夫一大早就起床，暗暗地跟踪怀揣鞋子匆匆赶路的妻子。

他看见妻子进入教堂，火气又从心底里冒上来，但他一面又觉得莫名其妙，想看看妻子究竟要做什么，便悄悄地溜进了教堂。妻子紧抱着自己的那双鞋，开始喃喃地祷告。侧耳细听她的言语，全是为丈夫的恳切的哀告，瞬间，他鼻子一酸，眼眶发热，一股愧疚

爱的真谛

感占满了他的心。丈夫的心最终被妻子的爱与真诚所打动，从此变成一名忠实虔诚的基督徒。

"我的丈夫不让我信，对我逼迫很大，求你帮我祷告，改变我的丈夫。"——大多数的人遭遇这种情况，就这样求我帮她们祷告，我就对她们说："赶快成就圣洁进灵吧！这就是解决问题的路径。"随着离弃罪恶，进灵的程度加深，属灵的爱心也得到相应的增长，便可以对丈夫施以属灵的爱。焉有丈夫逼迫用舍己的爱诚心服侍自己的妻子呢？

作妻子的只要一改以前凡事归罪于丈夫的态度，降卑己心，将错都归到自己身上，就可以使逼迫自己的丈夫幡然改变，因为属灵的光发现照耀，黑暗就必消退。谁能流泪为苦待自己的人祷告？谁能为孤苦无依的邻舍舍己服侍，付出真诚的爱呢？唯独从主领受真爱的神的儿女才能做得到。

大卫和约拿单不变的友爱

约拿单是以色列第一任国王扫罗的儿子。他看见大卫机弦甩石杀败非利士敌将歌利亚的壮举，就认出大卫是个被神的灵感动的勇士，身为领兵的大将，约拿单对大卫的英勇肃然起敬，心生羡慕之情。从此约拿单深爱大卫，视同生命，对他不惜一切地付出，与其建立深厚的友爱。

> 大卫对扫罗说完了话，约拿单的心与大卫的心深相契合。约拿单爱大卫，如同爱自己的性命。……约拿单爱大

卫如同爱自己的性命，就与他结盟。约拿单从身上脱下外袍，给了大卫，又将战衣、刀、弓、腰带都给了他。"（撒母耳记上18章1-4节）

约拿单是扫罗王的长子，是王位继承人。对他而言，深受百姓拥戴的大卫理应是自己的政敌、眼中钉。然而，约拿单心中没有私欲、贪婪，并不重看王位。当其父扫罗为保住自己的王位丧心病狂地追杀大卫的时候，约拿单多次冒着生命危险，救大卫脱离险情。他们之间的友爱始终如一，听到约拿单在基利波阵亡的噩耗，大卫甚是悲哀，多日为约拿单哭号、禁食。

我兄约拿单哪，我为你悲伤！我甚喜悦你，你向我发的爱情奇妙非常，过于妇女的爱情。（撒母耳记下1章26节）

大卫登基作王之后，追念约拿单，将其独子米非波设召进宫里，将其祖父扫罗一切的财产归给他，并使他与自己同席吃饭，待如亲生儿子（撒母耳记下9章）。这样，属灵的爱是永恒不变的，即使出现对自己不利，甚至有害的状况，也会倾尽生命地去爱对方。属灵的爱是无条件的爱，只是真心付出，不求任何回报；无私忘我，舍己为人，关爱众生，不单爱那爱自己的人。

父神与恩主对我们不变的爱

人人都经历过属肉的爱所带来的伤痛。当我们因着反复无常的

爱的真谛

属世的爱伤心难过，落寞孤苦的时候，有一位安抚我们心灵的最知心的朋友，那就是我们的恩主耶稣基督。主曾无辜被人抛弃，受尽凌辱（以赛亚书53章3节），因此祂比谁都了解我们的心。祂为了作我们知心的朋友，安抚我们伤痛的心灵，撇弃天上的荣耀，降到这地上人间，走上一条苦难之路。祂用真诚的爱来爱我们，甚至为我们在十架上舍命。

在信神之前，我曾经百病缠身，受尽了贫病悲苦的煎熬。七年之久的病榻生涯，给我留下的是枯槁的病体、如滚雪球般膨胀的债务，以及蔑视凌辱、孤苦落寞与灰心绝望。我所信任、所至爱的人们都放弃了我，众叛亲离，我彻底被孤立，一切的希望都绝了。正当此时有一双施恩的手向我伸来——我遇见了神，浑身的疾病即刻痊愈，获得了新生，走上了天路。

我蒙得了神无偿的爱，不是我爱祂，乃是祂爱我，先向我显现，伸出了施恩的手。步入信仰之门，开始殷勤读经，我欣喜地发现那里有很多神对我们的爱的表白。

妇人焉能忘记她吃奶的婴孩，不怜恤她所生的儿子？即或有忘记的，我却不忘记你。看哪，我将你铭刻在我掌上，你的墙垣常在我眼前。（以赛亚书49章15-16节）

"神差他独生子到世间来，使我们藉着他得生，神爱我们的心在此就显明了。不是我们爱神，乃是神爱我们，差他的儿子为我们的罪作了挽回祭，这就是爱了。"（约翰一书4章9-10节）

爱就完全了律法

当我被亲人抛弃，悲痛欲绝的时候，神却在暗中看顾我，当我认识到神的大爱时，眼泪就止不住地往下流。因着历经痛苦岁月的磨练，我才得以深悟神的慈爱，如今成为安抚众人心灵的主仆，尽忠竭诚地服待主，以求报答主的宏恩。

神就是爱。神为拯救我们罪人，将独生爱子差遣到这地上。祂又用极美至贵的宝物为我们预备天国的住处，等候我们千年如一日。我们哪怕稍稍打开心门，也可以感受到祂那细腻而丰富的慈爱。

自从造天地以来，神的永能和神性是明明可知的，虽是眼不能见，但藉着所造之物就可以晓得，叫人无可推诿。（罗马书1章20节）

想象一下美丽的大自然！碧海蓝天、锦山绣河、秀木芳草……这一切都是神为我们所造的，使蒙恩得救的我们，在地上的岁月里，看着它们能够心生美丽的天国向往。"我爱你，我深深爱你！"——在拍击海岸的银色浪花里、在炫舞夜空的闪耀星光下、在飞流直下的瀑布砰訇中，就连轻柔拂面的微风中，我们仿佛听到神爱的呼声，感受到祂那神圣的气息。我们既已蒙这位全能神极大的慈爱，蒙祂拣选作祂的子民，那么我们应当以怎样的爱去爱我们的神和我们的邻舍呢？不合自己的利益就改变的爱是虚假的爱，唯独永恒不变的爱才是真正的爱，是我们当履行并弘扬的。

属肉的爱

你们若单爱那爱你们的人，

有什么可酬谢的呢？

就是罪人也爱那爱他们的人。

（路加福音6章32节）

碧蓝宽广的湖面上，微风荡起层层涟漪，在岸边的山地上，成千上万的人聚集，密密麻麻望不到边际。群众背对加利利湖畔坐着，屏住呼吸，全神贯注地聆听一个人讲论。这人面对人群站着，以温和而清晰的口吻劝导众人要在世上作光作盐；要爱自己的仇敌，为逼迫自己的人祷告。

你们若单爱那爱你们的人，有什么赏赐呢？就是税吏不也是这样行吗？你们若单请你弟兄的安，比人有什么长处呢？就是外邦人不也是这样行吗？（马太福音5章46-47节）

正如耶稣所说，我们单爱那爱我们的人、于我们有利的人，有什么可夸的呢？连不认识神的人，甚至那些恶人也能做到这一点。有一种爱是虚假的，表面上看似真诚，但经不起时间的考验，褪色变质，不堪一击，这就是属肉的爱。

属肉的爱是随着时间的推移，环境和条件的改变而褪色变质；随从私欲出尔反尔，反复无常。属肉的爱是自己先受惠，才肯施于人；对己有利，才肯付出；就算先施于人，也期望得到回报，没有报偿，就感到惋惜，或心怀不满。

父母与儿女之间的爱

论到父母的爱，常令人心中涌起无限感慨。父母对儿女不惜一切地付出心血与辛劳，不计苦和累，是因为有爱。为使孩子吃饱穿暖，宁愿自己省吃俭用，这是为人父母者之情怀。然而，父母关爱儿女之心的另一面，仍然潜藏着求己益处的心态。

真正的爱，是不求自己的益处，甚至可以为儿女舍命。然而这世界上不知有多少父母养育子女是为满足自己的利益和虚荣心。很多时候，父母把自己的意志和理想强加于孩子："这一切都是为了你好！"话虽这么说，其实本质上是要满足自己的欲望或者炫耀自己。当儿女选择前途或配偶时，父母若是觉得与自己的意愿不合，就表示失望，极力反对。表明其爱也不过是有条件的爱；希望自己所付出的心血与辛劳得到报偿。

儿女的爱更不值一提。俗话说"久病床前无孝子"，父母老迈病衰，没有康复的希望，儿女对服侍父母渐渐感到负担。"我长大了不嫁人，永远要跟爸爸妈妈一起过！"——这种令父母心喜欣慰的童稚纯真的爱的表白，也会随着年龄的增长而改变，终究出嫁离开父母的怀抱，以忙于生计为由，忽略对父母的关心和照顾。由于当今世界人心被罪沾染，良心变得麻钝，甚至频频发生父母残害儿女，儿女弑父杀母的伤天害理的事件。

夫妻间的爱

男女结婚，彼此委身，成为一体。那么，这夫妻之间的爱又是怎样呢？男女热恋的时候，满口甜言蜜语海誓山盟——"没有你活不下去，我要爱你到地老天荒！"但婚后的情形往往相反，"你这样我真的没法过，当初我就是太天真被你骗了！"不是满腹牢骚，就是满口抱怨。

起初明明说过我爱你，结婚之后却以家世、学识、教养、性格不同为由，嘴上动辄冒出"离婚"二字。饭菜稍不合口味，丈夫就抱怨妻子说："你做菜怎么老是这个味道，简直没法吃。"丈夫收入微薄，妻子就刺激丈夫说："你们公司某某当了科长，某某最近又晋升为经理，你什么时候才有出头之日啊！某某一家买了宽敞的新居，又换了一台漂亮的新车，我们什么时候才能过上个好日子啊……"。

据有关我国家庭暴力的统计，对配偶行使暴力的夫妻，约占夫妻总数的一半。可见很多夫妻起初的深情厚爱已是荡然无存，以至彼此相恨，互相争闹，勉强维持痛苦的婚姻。据说现在甚至有的新婚夫妻，在蜜月旅行的途中就彼此闹翻，发生婚变。如今离婚夫妇的婚姻维持时间有不断缩短的趋势。大多数的婚姻都是在彼此热恋的基础上建立的，但在一起生活的过程中，逐渐发现彼此的缺点，觉得事事不顺眼，处处不顺心，又以志趣情意不合为由，整天口角吵闹，夫妻感情日趋冷淡，所谓的真爱，最终成为泡影。

即使没有什么特别的矛盾，夫妻相处久了，彼此失去新鲜感，起初热恋的激情变得平淡，便开始把目光转向别的异性。看见妻子晨起蓬头垢面的样子深感失望，看见妻子随着年龄增长体态变得臃肿而觉得没有魅力。爱本该历久弥深，但很多夫妻恰好相反，因为各求自己益处。这就是属肉之爱的真实写照。

兄弟之间的爱

兄弟乃为同父同母所生，从小一起长大，关系比较亲密。兄弟之间相依相扶，祸患与共、福乐同享。但兄弟关系中易滋生负面竞争意识，导致彼此猜忌和嫉妒。

长子因着弟弟的降生，容易产生失宠的落寞感和负担感，次子会因比自己力气大见识多的哥哥产生自卑感和不安心理。上有哥哥下有弟弟的孩子，容易对哥哥抱有自卑感，对弟弟则因事事都要让步而产生负担感，甚至因缺少父母关爱而滋生受害意识。若在成长过程中不及时消除这些负面情绪，长大以后将会导致兄弟之间的关系紧张。

人类最初的杀人事件，也是发生在兄弟之间。悲剧的成因就是该隐嫉妒弟弟亚伯蒙神的祝福。此后的人类历史中，兄弟之间的纷争接连不断地发生。约瑟因哥哥们的嫉恨，被卖到埃及作奴仆；大卫之子押沙龙派人刺杀同父异母的哥哥暗嫩……。当今世界，兄弟之间为父母的遗产纠纷闹得反目成仇的事层出不穷。兄弟亲情淡漠，甚至不如乡邻已是普遍的现象。

就算没有到上述的那种地步，一旦结婚，建立家庭，兄弟关系不免会有所疏远。因孩子、家庭、生计所累，难免疏忽了兄弟亲情。在家里我是六个兄妹中最小的一个，从小深蒙哥哥姐姐们的疼爱，然而当我七年之久卧病不起时，情形就不同了。我反而成为他们的累赘，他们起初虽为医好我的病付出了某种程度的努力，但因看着我毫无康复的希望，他们的忍耐就到了底线，渐渐对我冷淡，最终不再顾念我。

邻舍之间的爱

俗话说"远亲不如近邻",意即邻里的交往胜似亲情,是邻里之间深厚情谊的一种表达。以前农耕为主的时代,良好地保持着人与人之间相扶相助的传统美德,邻里之间自然形成了相互依存的亲密关系。但遗憾的是这种传统美德似乎渐渐与我们远去。邻里相见不相识,一扇严密的防盗门隔断了邻里情缘,——这已成为当今社会十分普遍的现象。

当今人们对别人的事漠不关心,连咫尺相隔的邻居都不肯相识。由于碰面的机会很少,再加上相互间的不信任,阻断了彼此间的交流与关爱。人们视个人和家庭利益高于一切。邻里之间凡事斤斤计较,连半点亏都不肯吃,因停车问题等小事争吵不休,彼此状告,翻脸成仇。甚至还发生以楼上邻居走步声响烦躁为由持刀行凶的事件。

朋友之间的爱

朋友之间的爱又是怎样呢?因自己最信任的朋友背叛,心灵受到极大创伤;因公司面临倒闭,急需大笔资金周转,向朋友筹借款项或请求担保,遭到拒绝,就认为是一种背叛,从此翻脸绝交——这是朋友之间常有的事。那么到底谁错了呢?

真正爱自己朋友的人,是不会加害于朋友的,事业一倒闭,必然殃及朋友和其家人。让朋友承担这么大的风险,这显然不是出于爱心。如今这类现象比比皆是。尤其主内弟兄之间的金钱交易、作保,是神所严禁的。若不顺从,必给撒但留下破口,两人一同败落。

13

我儿, 你若为朋友作保, 替外人击掌, 你就被口中的话语缠住, 被嘴里的言语捉住。(箴言6章1-2节)

不要与人击掌, 不要为欠债的作保。(箴言22章26节)

现今很多人交友的原则是"利益决定朋友", 并视为明智之举。当今世代很难找到纯真的爱, 肯为他人或朋友不惜付出时间、物质与赤诚胸襟的寥寥无几。我自幼结交了很多朋友, 在认识神之前, 重义气如生命, 坚信友情永不改变。然而当我久卧病榻的时候, 刻骨地醒悟到这种友爱也不过是在利益面前不堪一击的虚伪的感情。

生病之初, 朋友们似乎对我很热心, 为我寻医问药, 领我去看病, 但见我仍无起色, 他们便一个一个地远离我, 甚至与我断绝联络, 最后剩下的净是一群酒朋牌友, 他们肯与我为友, 也并非出于爱我, 乃是因为我对他们还有点用处——提供娱乐消遣的场所。属肉的爱, 从表面上看似很真诚, 然而一旦不合自己的利益轻易就会变质。

父子之间、夫妻之间、兄弟之间、邻舍之间, 若能彼此真心相爱, 坚贞不渝, 不为己利所摇摆, 将是多么美好呢? 那便是属灵的爱吧。然而那种爱, 世间难以寻觅, 人们对爱的饥渴, 无处得到真正的满足。人们如饥似渴地寻求真爱, 渴望从家人, 或熟人、亲友身上得到真爱, 非但无有所获, 反而更觉空虚, 如同海水止渴, 越饮越渴。

布莱兹•帕斯卡说过"人的心灵空间唯独神能满足"。若不以神的爱填充心灵空间,人永远无法获得真正的满足,心中总有一种莫名的空虚感。那么,世界上真的不存在永恒不变的属灵真爱吗?也不尽然。虽然十分罕见,但分明存在。哥林多前书13章向我们揭示真爱的本质。

> 爱是恒久忍耐,又有恩慈;爱是不嫉妒,爱是不自夸,不张狂,不作害羞的事,不求自己的益处,不轻易发怒,不计算人的恶,不喜欢不义,只喜欢真理;凡事包容,凡事相信,凡事盼望,凡事忍耐。(哥林多前书13章4-7节)

神把这种爱称作属灵的爱、真诚的爱。认识神的爱,用真理造就自己的人,必能活出爱人如己的属灵真爱之生命境界。属灵的爱体现在彼此相爱而不计较得失,不权衡利弊,不惜付出生命的代价,尽心竭诚,坚贞不渝。我们应当能活出这种爱的境界。

有一些人自以为爱神，实际上是一种错觉。审视自己遭受试探与熬炼时的心态与表现，就可分辨用真爱造就自己的程度。查验自己是否从心底里喜乐、感恩；是否照神的旨意而行，便可认清用真爱造就自己的程度。

衡量属灵真爱的标准

抱屈怀怨，愤愤不平，依靠世俗的方法，寻求人的帮助，这显然是没有真爱的表现。这证明他们认识神的爱，只停留在知识的层面上。假币做的再逼真，也是一片纸张，一文不值，只在知识层面上认识神爱的人同样如此。一个人爱主的情怀，信靠神的心志，若是遇到艰险也不改变，便可称得上是在真爱中建立了自己。

我若能说万人的方言，并天使的话语，

却没有爱，……仍然与我无益。

爱是恒久忍耐，又有恩慈；

……如今常存的有信，有望，有爱；

这三样，其中最大的是爱。

哥林多前书13章1-13节

第二部

论爱的篇章

LOVE RECORDED IN THE CHAPTER OF LOVE

合神心意的爱

我若能说万人的方言，并天使的话语，……

我若将所有的周济穷人，

又舍己身叫人焚烧，

却没有爱，仍然与我无益。

（哥林多前书13章1-3节）

南非一所孤儿院里发生过一件事。从某一天开始孩子们接二连三地生病，持久不见好转，而且人数日趋增多，还查不出原因，院方焦急之余，聘请国际水准的医疗队给孩子们看病。经过周密的诊断分析之后，医生开了处方，上面写道："趁孩子们清醒的时候，抱他们十分钟，对他们表达爱意。"

令人惊奇的是大家照着处方去做的结果，不明原因的疾病从孩子们身上逐渐消失。因为孩子们最需要的就是这种温暖的关爱。人即使衣食无忧，生活充裕，如果没有爱，便对人生的指望和生存的欲望也就淡漠了。爱可以说是我们生命中最重要的元素。人间之爱尚且如此，更何况永不改变的真爱，即属灵的爱呢？

属灵真爱的重要性

堪称爱的篇章的哥林多前书第13章，在揭示属灵真爱的本质之前，首先强调爱的重要性。谈到人纵然能说万人的方言，并天使的话语，若没有属灵的爱，便如鸣的锣、响的钹一般，毫无用处。

"万人的方言"并非指圣灵的恩赐之一的那种方言，而是指地球上的人类所使用的包括英语、华语、日语、法语、俄语在内的一切语言。语言具有神奇的力量；语言是构建人类知识体系的渊源、构成人类文明的重要基础和文化传承的重要载体。人们通过语言来表情达意，说理服人，以情感人。总之，语言具有征服人心的力量和成就万事的能力。

"天使的话"是指极为美妙动听的言辞。天使是灵性的存在，是美的象征。当人说话清脆悠扬，柔美悦耳时，人们通常形容为

"话说得像天使一样"。然而神说人即使有一副好的口才，说话像天使一样美妙动听，令人陶醉，却没有爱"就成了鸣的锣、响的钹一般"（哥林多前书13章1节）。

敲打厚重的铁块或铜块，只会发出沉钝的响声。唯独空心的或者轻薄的金属才会发出尖锐震耳的声音。铜锣或铜钹发出刺耳震响也是同一个理。俗话说"空心的稻穗总是高昂着头"、"满瓶不响，半瓶咣当"，心中没有爱的人就是如此。我们只有心中盛满神的爱，模成神的形像，成为神的真儿女，才可算是籽粒饱满的麦子，在耕作人类的神面前成为真正有价值的人。反之，没有爱心的人就像糠秕，毫无价值。为什么这么说呢？

约翰一书4章7-8节说："亲爱的弟兄啊，我们应当彼此相爱，因为爱是从神来的。凡有爱心的，都是由神而生，并且认识神。没有爱心的，就不认识神，因为神就是爱。"也就是说没有爱心的人，与神毫不相干，仿佛空心的糠壳。

这样的人，即使说话无论怎样美妙动听，也无法给人带来真正的喜乐与生命，故毫无价值。就像发出尖锐刺耳响声的铜锣或铜钹一般，反而令所听的人反感。然而，带有爱心的话，具有使人得生的奇妙功效。从耶稣的生平中，我们可以找到诸多见证。

使人得生的真实的爱

有一天耶稣在殿里教训人，文士和法利赛人拉来一个妇女，是行淫时被拿的，问耶稣该怎么办她。他们的脸上没有一丝同情的神色。

爱就完全了律法

"夫子，……摩西在律法上吩咐我们，把这样的妇人用石头打死。你说该把她怎么样呢？"（约翰福音8章4-5节）

以色列人视律法为神的言语、治罪的依据。律法上有"将行淫的人处以石刑"的条例。此时，耶稣若回答说当用石头打死，便是推翻自己平时"当爱仇敌"的教训；若是回答说应当宽恕，便又是正面违抗律法，构成敌对神言的重罪。

文士和法利赛人以为耶稣这下必然中他们的陷阱而沾沾自喜，得意扬扬。耶稣知道他们的险恶用心，便弯下腰，用指头在地上画字，随后起身，对他们说：

"你们中间谁是没有罪的，谁就可以先拿石头打她。"（约翰福音8章7节）

说完此话耶稣又弯腰，用指头在地上画字，于是聚在那里的人一个一个地出去，最后只剩下耶稣和那妇人。耶稣这一举措非但自己没有违背律法，而且挽救了一个人的生命。

从表面上看，那些文士和法利赛人的主张是合乎律法的。然而他们说话的意图和心态则与耶稣截然不同。他们满心是害人的阴谋，耶稣满怀是救人的善念。

"怎样才能给他力量？""怎样才能将他引入真理？"——我们若以耶稣的心为心，必满怀助人的意念，常常迫切地祷告，谨言

23

慎行，一心要给人培植生命。然而有这样一群人，看见别人有不合意或不顺眼的部分，就按捺不住，一味地要用神的话语予以说教指正。然而即使话说的再有道理，若不是出于爱心，便无法使人折服，无法给人带来真生命。

故我们应当经常省察自己，口中的言语是出于自义和成见，还是出于要使人得生的爱心。包含真爱的一句恩言，宛如一汪生命之水、一颗重价的宝石，能使干渴的灵魂得滋润，伤痛的灵魂得喜乐与安慰。

舍己的爱与行为并行

爱的篇章中提到的"先知讲道之能"是指预言之能（参照英文和韩文《圣经》）。预言一般指预先说出将要发生的状况。从《圣经》的角度讲，是指人在圣灵的感动中得知神的心意，预告将来要成的事。预言不是人可以随意说的。如彼得后书1章21节所说："因为预言从来没有出于人意的，乃是人被圣灵感动，说出神的话来。"预言是受圣灵感动的人，领受神的指示而说出来的。预言的恩赐并非任谁都能得着，因为人很容易因此而变得骄傲，所以人非弃罪成圣，是无法从神领受预言的恩赐。

爱的篇章中所提及的预言之能，并非指所赐予特定人的恩赐。凡信耶稣基督，得知真道的人，都有"先知讲道之能"，亦即预言的能力。我们知道主将再来，且知道祂再临的时候，蒙恩得救的人都会被提，参加七年婚宴，未得救的人则要遭受七年大灾难，后又经过白色大宝座的审判进入地狱。神的儿女都有这种预言之能，但并非都心存真爱。没有属灵的爱，人很容易顺着私欲而变质，因此即使有预言之能，也是毫无用处的。因此爱在先知讲道之能以先。

"奥秘"是指万世前隐藏的奥秘，即十字架的道理（哥林多前书1章18节）。十字架的道理是神救赎人类的旨意，是神在万世以前按其主权所预定的。神预知人类会犯罪堕落，走向死亡，便在万世之前预备了救主耶稣。直到成就这一救赎的计划和旨意，神将此彻底保密。因为这一计划一旦被泄露，必遭仇敌魔鬼、撒但的亵渎和搅扰而受阻隔（哥林多前书2章6-8节）。仇敌魔鬼、撒但以为只要除灭耶稣就可以永远掌握蛊惑亚当犯罪而篡得的权柄，便唆使恶人把耶稣钉死在十字架上。但万万没有料到，这一举措反而使救恩的大门向人类敞开，因为牠们杀害了没有罪的耶稣，违反了灵界的法则——"罪的工价乃是死"。然而，人即使明白如此重大而惊人的奥秘，若没有属灵的爱而不去传扬，也是徒然无益。

"知识"也不例外。这里"所有的知识"并非指世间的学问，而是指认识神的知识，亦即《圣经》66卷书中囊括的一切真理的知识。我们通过《圣经》之道认识了神，就当力求寻见神，经历神，好使自己能够从心里信神。否则所听的道，所了解的大能，不过是存在头脑里的知识罢了，再者人反而往往把这些知识用作论断、定罪的砝码，适得其反。可见缺少属灵真爱的知识也是徒然无用的。

若是具备能够移山的全备的信又是怎样呢？人信心大，爱心却不一定同样大。信心和爱心难道不是相辅相成的关系吗？信心可以通过目睹经历神迹和奇事取得成长。以彼得为例，他因经常目睹耶稣所行的神迹和奇事，所以当耶稣在水面上行走时，他也能够在水面上行走一段距离。当时彼得还未领受圣灵，也没有作成心里的割礼，因此还未具备属灵的爱心。故当自己的生命受到威胁时，竟然三次否认耶稣。

信心可以随着属灵的体验得以增长，但属灵的爱心则唯独付出弃罪的努力和牺牲的代价方能造就。信心与爱心并非无关联。有了信心才能离弃罪，才会付出爱神、爱人的努力。但必须照着所听的道活出主的样式，造就真爱之心，方能合神的心意，没有行为的忠心是与神毫不相干的，正如耶稣所说："我从来不认识你们，你们这些作恶的人，离开我去吧！"（马太福音7章23节）故经上说：人即使有先知讲道之能，通晓一切的奥秘，明白各样的知识，拥有极大的信心，若没有爱，都算不得什么。

爱可换来天国的奖赏

一到年终，很多机构、团体或个人通过电视台或新闻传媒热衷参与旨在赈灾扶贫的慈善募捐。但若采取匿名的方式会怎样呢？恐怕参与的人便寥寥无几了。

耶稣说过："你们要小心，不可将善事行在人的面前，故意叫他们看见；若是这样，就不能得你们天父的赏赐了。所以，你施舍的时候，不可在你前面吹号，像那假冒为善的人在会堂里和街道上所行的，故意要得人的荣耀。我实在告诉你们，他们已经得了他们的赏赐。"（马太福音6章1-2节）意即人若出于炫耀自己的目的而施舍，也许一时得人的赞赏，可是将来却得不到神永恒的赏赐。

这种施舍不过是一种满足虚荣心和显示欲的手段而已。出于形式的施舍，会让人随着赞誉度的提升，变得心高气傲。神若给这样的人赐福，非但对他毫无益处，反而对他有害，他必自以为公义虔诚，忽略了最关键的心里的割礼。出于爱心的施舍是不计功名的，因为相信暗中察看的神，必照人所行的赐下祝福与奖赏（马太福音6章3-4节）。

救济施舍不能局限于给人提供饮食、衣物、住处等物质方面的帮助，应当与提供灵粮，拯救灵魂的工作并行。有人说"扶助病弱贫困群体"是当今教会主要的功用。话虽没错，但教会首要使命就是传播福音，拯救许多失丧灵魂。教会救济的终究目的也是在于此。

要使我们的救济给人带来裨益，就当顺着圣灵的指示而行，不合宜的救济反会使人远离神，走向败坏。比如，救济那些因赌博酗酒落得贫困的人，或因违背神的旨意而陷入试探患难的人，便是等于助纣为虐，使他越走越偏。因此《圣经》劝我们尽量要帮补信主的家庭。当然这并不是不叫人帮助那些不信的人。不信的人，我们也当救济，借以传递神的爱。关键是不能脱离救济的目的——传福音。

另外，针对信心软弱的初信徒，我们应当及时给予他们帮补，直至信心成长。有一定信心的人当中也有因患病或遭遇突如其来的事故导致生活不能自立的，或无依无靠的孤寡老人、孤儿弃儿，他们更需要大家爱心的扶助。我们若是这样按照神的旨意施舍，必蒙神的赐福，灵魂兴盛，凡事兴盛。

论到使徒行传第10章里的哥尼流，虽然是个外邦人，但他虔诚地信神，殷勤地祷告，热心地施舍。一个占领国的军官救济帮补殖民地百姓的事是极为罕见的。罗马人是犹太人所憎恨的对象，加上同僚们百般的非议或阻挠，这些压力都未能阻挡他救济行善，因他有一颗敬畏神的心。神看中了他的善举，便差遣彼得到他家里，使他全家，乃至聚集的亲戚朋友一同得福——领受圣灵，获得救恩。

除了救济的事以外，向神奉献礼物的事上也是如此。马可福音12章记载一个寡妇因向耶稣献上内心的馨香蒙耶稣称赞的情形。她虽奉献了仅两个小钱，但这是她全部的家底，一切养生的。两个小钱是当时希腊最小的货币单位。那么，耶稣称赞这位寡妇的缘由是什么呢？马太福音6章21节说："因为你的财宝在哪里，你的心也在那里。"寡妇奉献自己全部的生活费，就表明她把整个心都献给了神，又是她全心全意仰赖神慈爱的极致表现。有些碍于面子或出于勉强的礼物，神是不会悦纳的，故对自己毫无益处。

做出牺牲方面也不例外。"舍己身叫人焚烧"是指彻底的牺牲。牺牲源于爱，但并非所有的牺牲都是出于爱。那么，没有爱的牺牲指的是什么呢？

有的人辛辛苦苦做了事，却总爱抱屈和埋怨。自己竭诚尽力，耗时费财做了某件事，却无人过问，无人肯定，便委屈怀怨。乃至见到做事不积极的人就论断、定罪："怎么会是这样？什么爱神，都是假的！"这是出于他们自己心底里显扬自己的功劳、得人称赞的私欲和"我是一个忠心的人"这种自傲的心态。有了这样的心，会常常心怀不平，宣泄不满，非但苦了自己，还会伤及别人，打破和睦，使神伤心，对己百害无益。

就算没有开口发怨言，当无人认可时，就灰心丧志，心想："我或许是一个无足轻重的人吧！"对神的热心便冷却了。若有人对他积极忘我尽力而为做出来的事提出意见，就灰心泄气，甚至非难那提意见的人。而且看见有人受肯定和喜爱的程度超过自己就心生嫉妒。因而即使舍己身为主效忠，心中也没有真正的喜乐。甚至有的人最终放弃了使命。

还有的类型是，有人在的时候发出热心，人不在的时候就耍滑偷懒，敷衍了事。专挑体面的事来做，不显眼的事，就极力回避。一门心思都用在要得上级或别人称赞的事上。

那么有信心的人做出的牺牲怎么会是无爱呢？因为没有属灵的爱、因为心底里没有"神的就是我的，我的就是神的"这种主人翁精神。

例如：农夫耕种自己的地和做雇工会有截然不同的表现。如果耕种自己的地，农夫会披星戴月，起早贪黑，殷勤劳作，绝不应付，再苦再累也甘心，从不抱怨。可是作雇工的时候就不同了，偷奸耍滑，消极怠工，一门心思盼着天黑收工。做神的工也是如此，心里没有爱神的心，就会像按劳得工价的雇工一样，马虎应付，敷衍塞责。得不到及时的报答，就宣泄不平不满。

歌罗西书3章23-24节说："无论作什么，都要从心里作，像是给主作的，不是给人作的，因你们知道从主那里必得着基业为赏赐。你们所侍奉的乃是主基督。"一个人即使爱施舍，肯牺牲，若缺了属灵的爱，便与神毫不相干，也得不到赏赐（马太福音6章2节）。

要想做出真正意义上的牺牲，首先要造就属灵的爱心。心里充满爱的人，不求功名利禄，不论是在明处还是在暗处，都会默默无闻地舍己献身。就像蜡烛燃尽自己照亮黑暗一样，不惜一切地付出自己的所有。论到旧约的祭祀，宰杀赎罪祭牲，将血放出，脂油烧在祭坛燃烧着的柴上，向神献为馨香的火祭。耶稣就像这赎罪祭牲，为我们流尽了最后一滴血，代赎了我们全罪，作出了真实牺牲的榜样。

通过耶稣的牺牲众灵魂得到拯救，因为祂的牺牲包含着真爱。耶稣因着爱父神，至死尽忠，成就了神的旨意。在十字架上，祂也为世人做了中保祷告（路加福音23章34节）。神喜悦耶稣的舍命牺牲，将祂升为至高，赋予他天国至大的尊荣。

所以神将他升为至高，又赐给他那超乎万名之上的名，叫一切在天上的、地上的和地底下的，因耶稣的名无不屈膝，（腓立比书2章9-10节）

无论是谁，只要他能像耶稣那样做出无私无伪的牺牲，神必使他升高，使他永世得享荣耀尊贵的地位。正如马太福音5章8节所说"清心的人有福了，因为他们必得见神"，赋予能够得见神的荣耀地位。

超乎公义的爱

有"爱的原子弹"美誉的孙良源牧师，也是我们牺牲的榜样。

爱就完全了律法

他置自己的生死于不顾，悉心照料众多麻风病患者。后因拒绝参拜神社而遭受牢狱之苦。尽管他如此为主舍己献身，却接到意想不到的噩耗——1948年10月的某一天，他心爱的两个儿子在丽水叛乱事件中被叛军枪杀。

换了常人一定会嚎啕大哭，甚至埋怨神："神啊，你怎能这样待我！"可是孙良源牧师反而开口向神谢恩，感谢神开恩使他的两个儿子为主殉道，使他们投进主的怀抱，得享天国的美福。他竟然将杀害自己儿子的凶手——一名叛军青年认作干儿子。在儿子的葬礼上，牧师向神献上九项感谢祷告，其内容感人肺腑，震撼人心。

"第一，感谢主在我这等罪人的血统中兴起殉道者；

第二，感谢主赐我这等宝贝，在众圣徒中尤为显亮；

第三，感谢主使我能够把三男三女中最俊美的长子和次子向你献上；

第四，感谢我的主！一个儿子殉道实为难得，你竟然使我两个儿子同时为你殉道；

第五，主我深深感谢你！人说信耶稣安然善终是种福气，我儿居然因着福音的缘故被杀殉道，岂有比这更大的福气！

第六，感谢我的主使我能够安心，因为你将准备移居美国的儿子领进美国根本无以媲美的天国；

第七，感谢我的神！因你赐我能够饶恕杀我儿子的仇敌，领其悔改，认作义子的爱心；

第八，感谢我的主！因为我相信因着我儿子的殉道，会结出许多天国的美果；

31

第九，我深深地感谢我的神！因你使我能够在逆境中感悟神你的慈爱；你又赐我信心能够胜过这一切的试炼。"

孙良源牧师在6.25朝鲜战争时期为了照顾病人放弃避难，以致被北韩共军杀害，为主殉道。他之所以能够置生死于不顾，悉心照料那些被遗弃的患者，并且善待杀子之仇敌，做出无私的牺牲，是因为心里充满对神、对灵魂的真诚的爱。

神吩咐我们"在这一切之外，要存着爱心，爱心就是联络全德的"（歌罗西书3章14节）。我们即使能说天使的话语，具备预言之能，拥有移山的信心，广行施舍，舍己为人，却没有真爱，便是徒然的。唯独有了真爱，才能使这一切的行为在神面前得到肯定。接下来具体探讨真爱所包含的意义，愿各位读者借以能够进入属灵真爱的境界，与神分享无穷的大爱。

爱的特征

爱是恒久忍耐，又有恩慈；

爱是不嫉妒，爱是不自夸，

不张狂，不作害羞的事，不求自己的益处，

不轻易发怒，不计算人的恶，

不喜欢不义，只喜欢真理；

凡事包容，凡事相信，凡事盼望，凡事忍耐。

（哥林多前书13章4-7节）

马太福音第24章记载这样的情形：耶稣知道自己的时候快到了，便望着耶路撒冷圣殿喟然长叹。祂的哀叹并非为按神的旨意将要承受的十架苦难，而是为把祂钉于十字架的犹太人，以及耶路撒冷将要承受的患难。感到诧异的门徒问耶稣说：

"你降临和世界的末了，有什么预兆呢？"

耶稣向他们揭晓末时的各种预兆，并惜叹道：

"……许多人的爱心才渐渐冷淡了！"

当今世界可谓"爱心冷淡"的真实写照。很多人渴求爱，但不懂什么叫真爱、属灵的爱。真爱并非人竭力追求便能拥有，若要拥有真爱，必须认识什么是真爱，并将罪恶逐一从心里除去，并得到神爱的浇灌，属灵的爱便在心里萌生，并且生长发旺。罗马书5章5节说："盼望不至于羞耻；因为所赐给我们的圣灵将神的爱浇灌在我们心里。"就是通过住在我们心中的圣灵感受到神的爱。

神通过哥林多前书13章4-7节的内容具体揭示属灵真爱的特征。我们身为神的儿女，理当遵行这一圣训，成为爱的使者，让众人因着我们的好行为感受到属灵真爱的美好。

一、爱是恒久忍耐

"恒久忍耐"是爱的特征之一，爱若是缺少这一要素，往往令人绝望。比如：交托给人一项工作，因迟迟未见成果，就耐不住性子，另换别人取而代之。这样一来，对方连挽回赶超的机会都得不着就被埋没，心受重创。神之所以把恒久忍耐作为爱的首要特征，是因为这是造就爱心的基本条件。只要有爱，忍耐并不是件苦事。

当我们领悟神的爱时，会主动与周遭的人分享那爱。不过这种爱别人而付出的努力有时会给自己带来负面的反馈——心灵受创，或损失惨重，或遭遇困境。便觉得对方并不可爱，又不可理解——"这种人怎么爱他呢？"为了造就属灵的爱心，即使对这种人，我们也应当忍耐并且爱他。对那些无故挖苦和污蔑，设计陷害我们的人，我们也应当克制己心，恒久忍耐，真诚地爱他们。

有一天主日早晨，一位弟兄来见我，他说他妻子患上了忧郁症，请求我为她祷告。他告诉我妻子得病的原因：他一喝酒就完全变了一个人，经常虐待家人，使家里不得安宁。妻子一直用爱心包容他，对他忍耐了很久，丈夫非但没有改变，反而又出现了酒精中毒症状，妻子便对生活感到绝望，得了忧郁症。

这位圣徒虽然酗酒成性，苦待家人，但从他前来祈求妻子病得医治的表现看，他对妻子的爱心尚存。听他讲完，我就劝他说："你如果真爱你的妻子，戒酒戒烟有什么难呢？"他不答话，好像没有那个勇气。我觉得十分痛惜，便迫切地求神医治他妻子的忧郁症，并帮助那位弟兄戒掉烟酒。奇妙的是，经过这一祷告，他的酒瘾彻底消失了，无论怎样努力也戒不掉的酒，靠神的大能竟然一次祷告就戒掉了。妻子的忧郁症，自然也痊愈了。

恒久忍耐是造就爱心的开端

　　若要造就属灵的爱心，我们必须学会在凡事上恒久忍耐。若有人觉得自己善于忍耐，那么应当查验自己是否表面上忍耐，心里却感到厌烦。是否像上述的女圣徒那样，虽然经恒久忍耐，但因环境不见改善而灰心绝望呢？若是这样，在把原因归罪于环境因素或别人身上之前，应当先省察自己的心。我们若用真理彻底更新自己的心意，世界上便没有难容之事。若觉得忍耐上有阻力，那就是心里有恶，亦即非真理的明证。

　　恒久忍耐，是指我们持之以恒地忍耐践行爱时所遇到的各种试炼，以及打破老我的辛劳。换而言之，恒久忍耐的爱心就是体现在对顺从神的话语，努力践行真爱时所遇到的一切难处忍耐到底。

　　这种意义上的"恒久忍耐"和圣灵的九种果子（加拉太书5章22节）中的"忍耐"，有何区别呢？圣灵的九种果子中的忍耐是指为神的国和神的义凡事忍耐。相比之下，爱的篇章中的恒久忍耐是狭义概念，是为了造就属灵的爱心而做出的忍耐，包含在圣灵的九种果子中"忍耐"的范畴之内。

　　一旦别人对自己造成一点伤害或经济损失，就丝豪不留情面，马上提出控诉，要依法处置——这种现象在当今世界比比皆然。更可悲的是，那控诉的对象居然大多是自己的妻子或丈夫，甚至是父母或子女。吃了亏也仍默然忍耐的人，很容易被人嗤笑为"愚不可及"。然而，耶稣是怎样教导我们呢？

> ……有人打你的右脸，连左脸也转过来由他打；（马太福音5章39节）

> 有人想要告你，要拿你的里衣，连外衣也由他拿去；（马太福音5章40节）

意思是向对己行恶的人不要以恶相报，只要忍耐包容，反而善待他们。或许有人想："怎么能克服那种委屈和愤恨去善待对方呢？"但只要有信心与爱心，就可以做得到，而且一点都不难。神爱我们，甚至将自己的独生爱子为我们献作挽回祭。相信神这般的大爱，就是我们信仰的实质。我们只要相信自己蒙了这等大爱，无论别人对我们造成多大的伤害，也都能从心里宽恕。我们若真正爱这位爱我们甚至赐我们独生子的真神，以及甘心为我们流血舍命的救主耶稣，便没有了不能容忍和不能爱的人。

无限的忍耐

有这样一群人，虽然仇恨、怒气等情绪翻腾，能够暂时强忍，最后到了忍耐的底线就爆发出来。一般来讲性格内向的人有这种表现，他们不善于表达和释放感情，以至窝火成疾得了心病。这种忍耐，仿佛挤压的弹簧一松手就恢复原样。

神对我们要求的忍耐，是恒久不变的忍耐。严格地讲，是无所谓忍耐的境界。属灵意义上的恒久忍耐，不是指把仇恨、不满等情绪积压在心里的那种强忍，而是将引发这些情绪的根源——心中的恶除去净尽，本着恩慈与仁爱做出无限的宽容。我们只要除净心里的恶，将属灵的爱填充于心，爱仇敌就一点都不难了。因为心里根本不存在与人结仇的因素。

　　人若心中满有仇恨、争竞、猜忌、嫉妒等恶，专会吹毛求疵，面对品行优良的人也是不见其长，只见其短。反之，心里充满爱的人，即使见到不可理解的人，也会心怀怜爱之情，不会因他有过犯或短处而嫌弃他。甚至面对憎恨自己、恶待自己的人，也不会产生一丝反感。

　　恒久忍耐的情怀，就是主的情怀——压伤的芦苇不折断，将残的灯火不吹灭。司提反执事也有同样的心肠，他因传福音的缘故遭人乱石击打而死去的时刻，竟为那些害他的恶人祷告说："主啊，不要将这罪归于他们！"

　　耶稣爱罪人，是否会觉得吃力呢？

　　绝非如此。因为祂的心就是真理。

　　有一天彼得问耶稣说："主啊，我弟兄得罪我，我当饶恕他几次呢？到七次可以吗？"（马太福音18章21节）耶稣回答说："不是到七次，乃是到七十个七次。"这话并不是叫我们饶恕人要到490次的意思，七，从灵意上讲是代表完全的数目，因此饶恕人到七十个七次之意是彻底的饶恕。从中可以感受到耶稣无限的慈爱与怜恤之心。

恒久忍耐造就属灵的爱心

当然，我们不可能一夜之间就把恨心转化为爱心。这需要坚持不懈的忍耐。以弗所书4章26节说："生气却不要犯罪，不可含怒到日落。"一个人生气，是他信心小的表证。这段经文所表明的意义是：即使因小信而生气，也不要含怒到日落，就是说不要长久怀怒，要赶快除掉。即使怒气等负面情绪时而冒头也不要紧，只要坚持不懈地忍耐并努力离弃，就可以使心里渐渐装满真理，属灵的爱心也随之增长。

我们心里根深蒂固的罪性，唯独靠圣灵充满的火热祷告才能离弃。还有一个关键要素就是自身的努力，无论怎样可气可恨的人，也要努力用爱的视角去看他，并要竭力善待，当你这样行的时候，心里的仇恨就被除掉，以至能够诚然爱对方；再也没有不和之人，再也没有可恨之人，便能得享幸福的人生，在地如同在天。

"……神的国就在你们心里。"（路加福音17章21节）

人们感到幸福的时候会说"仿佛到了天堂"。"神的国在你们心里"是指除去一切非真理，心里装满了善与爱的状态。人到了这种境界，就没有恒久忍耐的必要，因为能够爱所有的人，所以常常幸福喜乐。人越是心里无恶，心地良善，越没有需要恒久忍耐的因素。随着属灵爱心的增长，对人的忍耐不再出于勉强，反而能够心平气和地等待对方改变。

那么，到了天国我们需不需要恒久忍耐呢？那里没有哭号、哀

爱就完全了律法

愁、痛苦、邪恶，而只有良善与仁爱；在那里再也没有憎恨，没有恼怒，没有烦躁，也没有情绪需要克制。尽管如此，神还是说"爱是恒久忍耐"，是为了便于人们对真爱的理解。

林肯恒久忍耐化敌为友

林肯在出任美国第16任总统之前是一名律师。当时他有一个强敌名叫斯坦顿。此人家世显赫，才学出众，然而林肯出身低微，学历低下——父亲是个贫穷的鞋匠；林肯连小学也没有毕业。斯坦顿藐视林肯，经常以尖酸刻薄的话侮辱和嘲笑他。然而林肯并不在乎，既没有恼怒，也没有反唇相讥。

当选总统之后，林肯不顾周边人的反对，任命斯坦顿担任陆军部长的国家要职。因为从客观上看，他是最合适的人选。后来林肯在福特剧院遇刺时，同席的人都恐慌逃命，唯独斯坦顿向林肯奔去，抱着林肯泪如泉涌，万分悲痛地说：

"这里躺着一位举世瞩目的伟人。他现在是属于一切时代的人物了！"

就这样，出于真爱的恒久忍耐，具有化敌为友的功效。马太福音5章45节说："这样，就可以作你们天父的儿子。因为他叫日头照好人，也照歹人；降雨给义人，也给不义的人。"即使是行恶的人，神也对他恒久忍耐，盼他早日悔改归正。我们若是针对恶人，以其人之道还治其人之身，便是奸恶同属、贼盗同道，但若仰望乐意丰赏厚赐的信实的神，恒久忍耐，以善胜恶，将来在天上必承受荣美的居所（诗篇37篇8-9节）。

圣灵的九种果子之一的忍耐

1.是旨在脱去非真理，用真理更新心意的忍耐。

2.是旨在理解他人，求他人的益处，得与众人和睦的忍耐。

3.是旨在照神的约言蒙神应允，获得救恩的忍耐。

二、爱是有恩慈

《伊索寓言》中有一则太阳和风的故事。一天，太阳和风比赛谁先让路人把身上的外衣脱下来。"对我来说这简直易如反掌！"——风很得意，使劲地向着路人吹去，想把路人的外套吹下来，但是它愈吹，路人愈是把外套紧紧地裹在身上。这时太阳从云中探出头来，带着从容的微笑，将阳光撒在地面，气温慢慢地上升，不久路人觉得有些热，就把外套脱了下来。

这则故事给我们一个深刻的教训：风企图靠自己的力量强行剥掉人的外套，太阳则以温柔的方式令人主动把外套脱下。恩慈的功效也与此相仿，恩慈具有无形的威力，这威力就是源于善心与爱心，可以触动人心，叫人信服。

恩慈的心怀包容众人

恩慈是指能够包容所有人的温柔谦和宽仁之心；可供众人依偎安歇的襟怀。恩慈的情怀谦和温柔，宛如棉絮，受到硬物的撞击，依然悄无声息；对任何一种撞击物，都会温馨地拥抱裹抚。

恩慈的心怀如同一棵供许多人投靠安歇的大树。在骄阳似火的盛夏，若有一片郁郁葱葱的树荫避暑乘凉，会是多么爽心和惬意！这样，以恩慈为怀的人，是众人栖息安歇之向往的归宿。

人们通常指那些生性优柔，无论被人怎样招惹都不会生气，或随和容忍的人为仁慈良善。然而，人的仁慈和良善若不合神的标准，则不为真。有的人表面上看似仁慈，其实是出于消极、柔弱秉性所致茫然的随从附和。被人招惹，他们貌似宽容，但只是忍气吞声，强压怒火罢了。甚至有的人成天嘻嘻作笑，实为弱智。这怎能算为仁慈呢？属灵意义上的恩慈，是因心中了无邪恶，充满爱心，从而能够忍耐和包容所有的人。

合神标准的属灵的恩慈

合神标准的属灵的恩慈是心无邪恶，满有智慧和属灵的爱，无论怎样恶毒的人，也不与之作对，反而予以宽恕和包容。但不要误以为恩慈是对人一味地理解和宽容。属灵的恩慈兼具治人归正的威严。因此以恩慈为怀的人，不仅为人良善，而且行为刚正耿直，做事鲜明机智。更具体地讲，属灵的恩慈是兼具内在的恩慈与外在德行的品格境界。

一个人即使为人良善，心无邪恶，谦和仁慈，若只停留在内在品性层面，便活不出心怀他人，治人归正的境界。唯独内在的恩慈和外在的德行融为一体时，才能把能力发挥到最大程度，活出完美的爱的境界。恩慈兼具德行的人，能够博得人心，成就大事。

认识爱和公义的关系有助于对属灵恩慈的理解。人们通常认为，爱就是宽恕、理解、遮人之过、温和柔顺。然而真正的爱是"不喜欢不义"的，亦即不容忍不义。神就是爱，祂有无限的恩慈和丰富的怜恤，但有时也会针对人的罪孽施行严厉的审判（民数记14章18节）。

倘若人屡犯重罪，神对他一味地宽恕和容忍，那么这能算是爱吗？父母若有真爱，就不会对自己的儿女娇生惯养。孩子走偏路的

爱就完全了律法

时候，虽然十分心痛，也会采取责打的方式使其归正。我们灵里的父——慈爱的神，有时也对心爱的儿女们施行管教，为的是要使他们得生命。管教是神以自己的儿女为至爱的体现。爱和公义是相辅相成的关系，恩慈与德行也是如此。

若想活出真爱的境界，必须要心地良善，谦和仁慈，满有仁爱与怜恤，兼备能够将人引入正道的德行。这样的人，才可以将许多人引入正路、救恩的道路。属灵的恩慈是以内在的恩慈和外在的德行所构成，这两种因素缺一不可，缺了一种，就失去了光彩。那么，下面首先探讨怎样成就内在的恩慈。

造就恩慈之怀的标准是圣洁

为了成就恩慈的心怀，第一要紧的就是除去心里的恶，成为圣洁。以恩慈为怀的人，其心柔如棉絮，针对敌对、攻击自己的人，也会悄无声息地柔抱裹抚。因为心里无恶，所以从不与人发生纠葛或摩擦。然而，心里尚存忌恨、嫉妒等荆棘般的恶性，或自义、成见等坚硬如石的属性，就很难心怀他人。

物体落在坚硬的石头或铁板上，会发出很大的响声，同时弹进出去。同样，人有老我，别人只要稍微不顺己心就立刻表露反感情绪。看见别人的过犯、过错或欠缺，理当予以理解并遮掩，但他们反而妄加论断，定罪，背后议论。他们的心就像很小的容器，倒进一点就溢漫出来。

他们心胸狭隘，仿佛里面装满了脏乱的杂物，没有空间可以盛装新物。比如：受别人指责或听到忠告，他们就感到扎心，极其不

论爱的篇章

快，赫然而怒；看到别人谈话低声细语，就怀疑是在说自己的坏话，甚至心里论断："不时向我瞥来瞥去的，看样子当真是在议论我！"

恩慈的基本条件是心里无恶。心里无恶，才能用善和爱的视角看人。以恩慈为怀的人，凡事以慈悲与怜恤的心恩待别人。因为论断、定罪的心已经荡然无存，无论对何人都能以善心和爱心去理解，所以即使是顽梗的恶心也会被其温馨的慈怀所感化。

对教导众人学义的人而言，自洁成圣尤为重要。心里有恶，自然受肉体意念的支配，不能详细知道羊群的景况，无法把羊群引到青草地和水边。只有全然成圣，才能清晰听到圣灵的声音，得到圣灵随时的开悟和指引，得以参透羊群的景况，将羊群引入最佳捷径。而且唯独成圣，才能被神认定为有恩慈的人。对事物的衡量标准因人而异，针对恩慈也不例外，我们应当遵循神的标准，达到神所认可的恩慈境界。

摩西的恩慈得神的肯定

《圣经》上，为人恩慈得神肯定的经典人物，可数领以色列民出埃及的领袖——摩西。关于在信仰上得神肯定的重要性，民数记第12章里的事件给我们提供一个鲜明例证。有一次，摩西的哥哥亚伦和姐姐米利暗因摩西娶了古实女人就对摩西进行诽谤。

"难道耶和华单与摩西说话，不也与我们说话吗？"（民数记12章2节）

神听见此话，就对他们说："我要与他面对面说话，乃是明说，不用谜语，并且他必见我的形像。你们毁谤我的仆人摩西，为何不惧怕呢？"（民数记12章8节）

因着诽谤摩西的事，神就向亚伦和米利暗发怒，米利暗即刻长了大麻风。亚伦是神所立的摩西的代言者，米利暗是女先知，为会众的领袖，他们素来自以为他们蒙神的厚爱与肯定不亚于摩西。于是当他们看到摩西的作法与他们的想法不合时，就肆无忌惮地诽谤摩西。

神不容许亚伦和米利暗照人的标准去定摩西的罪并妄加诽谤。摩西是何等人物！神认定他是一个谦和胜过世上的众人，在神的全家尽忠的人。摩西是神所喜爱、信赖和重用的仆人，他能得见神的形像，能与神面对面说话。

我们从摩西在以色列百姓出离埃及走向迦南地的行程中所作出的表现，可以了解到神认可摩西的缘由。出离埃及的百姓，经常抗拒神的旨意，得罪神。只要稍微遇到难处他们就埋怨摩西，其实这等于是埋怨神，每当那时摩西恳求神怜悯这些百姓，饶恕他们的过犯。

论到证明摩西恩慈的经典事件，要数以色列民拜金牛犊事件。摩西上西奈山领受神对诫命的启示时，以色列百姓居然铸造金牛犊像并向其叩拜，吃喝淫乐。古埃及人崇拜公黄牛和母牛，分别叫艾比斯(Apis)和哈托尔(Hatrhor)，以色列民拜金牛犊的事件就是受这一迷信行为熏染所致。神与他们同在，彰显许多神迹，然而这些百姓毫无改过的迹象，最终招致神的烈怒，面临灭顶之灾。此时，摩

47

西以自己的性命作保，为百姓迫切向神代求。

> 倘或你肯赦免他们的罪，——不然，求你从你所写的册
> 上涂抹我的名。（出埃及记32章32节）

"你所写的册"是指载入得救者名单的《生命册》。《生命册》上的名被涂抹，意味着失去救恩，失去救恩又意味着要在地狱永受苦刑。关于来世，摩西比谁都清楚，但他宁愿付出舍命的代价，也要救出自己的百姓。摩西的这一告白，表明他已模成了神的心——惟愿万人得救，不愿一人沉沦。

摩西通过熬炼造就恩慈的心怀

当然摩西恩慈的品性并非与生俱来。他身为希伯来人，自幼作埃及公主的养子，在宫廷里享受荣华的生活。他还学会了埃及一切的学问，练就了一身精湛的武艺，这又使他具有很强的自尊心和牢固的自义。有一天，摩西看见埃及人凌辱希伯来人，就义愤填膺打死了那埃及人。

因着此事，摩西一夜之间沦落成亡命者。逃亡的途中幸好被米甸祭司所收留，寄人篱下作了放羊的牧人，他已是一无所有。牧人为埃及人所鄙视，摩西40年之久从事这一曾认为是极其低贱的工作的过程中，感悟到神的慈爱与人生的真谛，便彻底降卑己心。

在神看来，适合引领以色列百姓的领袖并不是"埃及的王子摩西"，而是蒙召时屡次降卑自己的"牧人摩西"。摩西因经过熬炼彻

爱就完全了律法

底降卑己心，除净心里的恶，才得以引领光是男丁就有60多万的庞大的以色列族群出离埃及，并将这些百姓引向迦南美地。

造就恩慈的心怀，关键是要通过神所允准的熬炼降卑自己，在至善与真爱中建立自己。在神面前谦卑的程度，决定恩慈的水准。若是像亚伦和米利暗那样，自以为在某种程度上造就了真理之心，或已树立了受人赞赏的美好形像，自我满足，感觉良好，反会助长骄傲的心。

属灵的恩慈因着德行才得完全

为了成就属灵的恩慈，非但要成圣，还要具备德行。德行一般指道德品行，韩语词典释义为："公正宽仁、通情达理的品行，降卑自己，使人敬服的道德境界。"属灵意义上的德行也是如此。有德之人，心地刚正，行事合理。他们广得人心，非靠物质力量，乃靠正直的言语和行为。他们体谅和宽容别人的欠缺，从而博得信誉和众人的爱戴。

论到属灵的恩慈和德行的关系，德行如同恩慈的服饰。一个人即使具有俊美的外貌，若是赤裸着身子，便是可耻丑陋的。照样，一个内里恩慈的人缺少德行，便很难使恩慈的品性发挥其价值。比如说一个品性恩慈的人，见人就信口开河，空话连篇，那么此人虽没有恶意，但总会给人一种没有教养、内涵的印象，无法得到别人的信任。另外，有一种人是品性恩慈，从不心怀恶念，也不损害他人利益，但缺少积极帮助或悉心关怀他人的德行，便很难博得人心。

好比一个富含花蜜却色淡无香的花朵很难招引蜂蝶，一个品性恩慈，心无邪恶，能够右脸被打，转过左脸的人，若是言谈举止缺少德行，便很难使恩慈的品性发出光彩。唯独内在恩慈兼具外在德行的人，才能称得上是真正有恩慈的人，可以尽情地发挥恩慈所具有的价值。

约瑟是一位恩慈兼具德行的人物。他是以色列的始祖雅各的第十一个儿子，小时因受同父异母的兄长们的嫉恨，被卖到埃及作奴仆，然而在神的帮助下，他年仅三十岁就一跃登上了埃及宰相的高位。当时埃及作为世界四大文明的发祥地之一，以尼罗河为中心建立了强盛帝国，君王和臣民具有强烈的民族自豪感。一个外邦人能够在这里登上宰相的高位实非易事。一点过犯或失误，就很难保住自己的地位。

在这种状况下，约瑟居然非常出色地治理埃及通国。他不仅以恩慈和谦卑为怀，在言语和行为上也无可指摘，且又具备为政者该有的智慧与威严。他虽享有一人之下，万人之上的大权，但他从未恃权自傲，独断专横，反而严以律己，宽以待人，博得君王和百官的信赖与喜爱，无有一人对他抱有戒备或嫉妒。我们从埃及人后来热心恩待逃避饥荒迁至埃及的约瑟亲属的表现中可以看出这一点。

兼具德行的约瑟恩慈的心怀

德行是出于宽仁博大的胸怀，自己言行端正，却不以自己的标准去论断、评判人，或定人的罪。我们可以从约瑟对待出卖自己的兄长们的态度中看出他这一崇高的品德。约瑟在任宰相的时候，近东地区饥荒甚重，约瑟的父家也面临断米绝粮的生死危机，约瑟的

50

兄长们得闻埃及有粮，便风尘仆仆赶到埃及。

起初兄长们没能认出约瑟。二十多年过去了，认不出其面容是合乎情理的，再者他们做梦也想不到约瑟会成为埃及的宰相。当约瑟看见曾经企图要置他于死地，后来卖他作奴仆的兄长们时，会是怎样的心情呢？他现在已有足够的权柄，可以叫兄长们偿还罪债，但约瑟丝毫没有复仇之心。他先是隐瞒自己的身世，多次试验哥哥们的心是否依然如故。

杀害弟弟的阴谋未得逞，就把弟弟卖到异国作奴仆，这不是小罪，于是约瑟要给他们拆毁罪墙与神和好的机会。约瑟对他们既没有一味地惩治，也没有一味地宽恕，只是一步一步将他们引入自己设计好的状况中，使他们能够自觉地悔罪。当兄长们回顾往事，悔罪改过之后，约瑟这才表明自己的身份。

兄长们顿时恐惶战兢，以为自己的命已经掌握在强国的宰相约瑟手中，在劫难逃。对惊恐不安的兄长们，约瑟既没纠问：从前你们为何要害我？也没有威胁：你们等着受罪吧！反而竭力安慰他们说："现在不要因为把我卖到这里自忧自恨，这是神差我在你们以先来，为要保全生命。"（创世记45章5节）

约瑟表示这一切都是出于神的旨意。约瑟不仅从心里饶恕他的兄长们，而且体恤他们的恐惶心理，用感人肺腑的恩言安抚他们的心灵。这表明约瑟活出了感化仇敌的爱的境界，亦即内在的恩慈兼具外在的德行。约瑟兼备德行的恩慈所发出的力量是巨大的，他凭着恩慈的心怀使埃及和周边地区的众民脱离饥荒保全性命，而且使他自己成为成就神奇妙旨意的础石。

德行源自圣洁的心灵

内在的恩慈是建立在圣洁的基础上的，外在的德行也是建立在弃恶成圣的基础上的。当然人非圣洁也能本着自身的教养或与生俱来的宽厚心性显出德行来。但这不是真正的德行。真正的德行是出于毫无邪恶的心、追求真理的心。若要造就完美的德行，不仅要把心里粗大的恶根拔除，也要将隐而未现的罪性除去净尽（帖撒罗尼迦前书5章22节；希伯来书10章22节）。

所以你们要完全，像你们的天父完全一样。（马太福音5章48节）

唯独从心里除净一切的恶，并且在言语、行为、举止上无可指摘，方能造就让众人依偎安歇的恩慈的情怀。因此我们不能单单停留在除去仇恨、嫉妒、骄傲、恼怒等恶的水准上，应当更加渴慕聆听神的道，并且火热地祷告，领受圣灵随时的开悟和指引，除去一切"身体的恶行"，用真理细致入微地更新修造自己的言行举止。

那么，什么叫"身体的恶行"？罗马书8章13节说："你们若顺从肉体活着，必要死；若靠着圣灵治死身体的恶行，必要活着。"这里"身体"并非单纯指人的躯体。从属灵的意义上讲，是指真理流失之后那种身体状态。身体的恶行是指人犯罪堕落，由灵变肉之后，身体里装满的非真理在行为上呈现的结果。身体的恶行不仅包括偷窃、强暴等明显的非真理或罪行，也包括一切欠缺美善的行为。

以前我在一段时间经历过很奇妙的事。只要手摸碰到任何一种物体，都会有触电般的感觉，一阵发麻。手臂每次都要瞬间剧烈抽动一下，导致我不敢轻易触摸任何一种物体。于是每当抓什么东西时，不由先在心里祷告："主啊，请帮助我！"然后小心翼翼地去抓，便没有那种现象了。开门的时候也要小心翼翼地握住手把，然后轻轻地打开，跟圣徒握手的时候也需要多加留意。就这样过了好几个月，我自然养成了凡事小心谨慎的习惯，后来才醒悟到原来神借着这种经历，使我的仪态举止变得更加完全。

仪态举止似乎无关紧要，但其实是很重要的。有的人说话或发笑的时候习惯性地拍打身边的人，还有的人不分时间和场合放大嗓门，烦扰周围人。这些似乎不是什么大的错误，但会令人蹙额凝眉，而且不够矜持美观。有德行的人，活出主的形象，他们甚至在这些细节上也保持端正，故能使许多人依偎安歇其怀中。

若要具备德行当改变品质

为要具备德行，还要改变自己的品质。这里品质指的是襟怀气量之大小。按品质的优劣，各人做事的果效会呈现差异——有的人超额完成，有的人只仅仅完成任务，有的人连分内的事也做不好。有德行的人心胸开阔，不会单顾自己的事，还会顾及周边人和事。

各人不要单顾自己的事，也要顾别人的事。（腓立比书2章4节）

人的品质会经过拓宽心胸的努力而得以升华，只要经过不懈的努力，完全可以达到改造自己的品质。人若心胸狭隘，只顾自己的事，就应当为了拓宽心胸具备能力，做具体的祷告，寻求圣灵的帮助。

被卖到埃及为奴之前，约瑟在家里是被娇生惯养的孩子，如同温室的花草。他因独享父亲专宠，未能造就可以顾全整个家庭或体谅缺少父爱的哥哥们的处境与心情的开阔胸怀。经过熬炼彻底降卑之后，才具备了宏观的视野和关顾别人的情怀。在埃及被人诬告，沦为阶下囚的时候，他是抱着怎样的心情呢？他并没有被苦难所胜而灰心绝望。在牢狱中，他也不遗余力地关照别人，能关注到同囚的埃及王法老的膳长和酒政脸上的愁容。

神拓宽约瑟的胸怀，使他具备能够胜任埃及宰相的资质。我们若心无邪恶，并以恩慈为怀，兼具善行美德，甚至可以完美治理各色人等所构成的庞大的组织体系。

以恩慈为怀的人所蒙的祝福

除净心里的恶，造就兼具德行的恩慈之怀的人，会蒙受怎样的祝福呢？马太福音5章5节说："温柔的人有福了，因为他们必承受地土。"诗篇37篇11节说："但谦卑人必承受地土，以丰盛的平安为乐。"这里"地土"是指天国的居所，"承受地土"之意是：将来在神国里得享极大的权柄。

原因是什么呢？温柔谦和，满有恩慈的人，常以神的心肠去激励、恩待、照料众灵魂。人随着恩慈的程度加深，可以使更多的灵魂安息怀中，给许多人带来救恩和生命。一个可使众人安息怀中的尊大的人，一定是殷勤服侍众人的人。正如马太福音23章11节所说："你们中间谁为大，谁就要作你们的用人。"总之，神将尊位唯独赐给那谦卑服侍的人。

温柔谦和，满有恩慈的人，将来在天国得享极大的权柄，承受广阔的地土。在地上享有财富、名望、权势的人，炫荣显贵，受人追捧。但这地上的权柄，往往随着财富的荡尽，名誉的扫地而消为乌有。然而以恩慈为怀的人所具有的权柄是永不朽坏，永不归空的。他们在地得蒙灵魂兴盛，凡事兴盛的祝福，在天永世蒙神喜爱，受众人敬仰。

三、爱是不嫉妒

成绩优异的学生，考试之后往往将错题记在本子上进行归因分析，将出错原因理解透彻，以利于短时间内巩固薄弱环节，有效提高学习效率。造就属灵的爱心也与此相仿。听了神的道，应当用神的道去察验自己在哪些方面缺少恒久忍耐，在那些方面未能以恩慈与良善宽容别人。只要这样察验自己的心态，省察自己的言行，必能在短时间内造就属灵的爱心。现在开始查考"不嫉妒"这一爱的特征。

心存嫉妒的人，看到别人赢获好处，或蒙爱得宠，心里就不平衡；看到博学、富裕、能力强过的人，就感到伤及自尊；与自己水准相等，条件类似的人日臻提升，就心生嫉妒，程度加深就会忌恨对方，甚至妒火中烧盼其遭厄。嫉妒的恶性若不加以克制，就会发展成大肆行恶的地步。

"某某人倍受认可，又蒙爱得宠，我怎么就这样不长进啊！"——别人得到赞赏或蒙爱，自己却不能，有的人就这样灰心沮丧。总是拿自己跟别人比较，黯然神伤。人们一般不认为这是一种嫉妒的表现，但这样的灰心沮丧，寻根究底也是出于嫉妒的心。属灵的爱是喜欢真理。心里有真爱的人，别人得好处的时候会一同欢喜。若是感到灰心，或者自责，不能喜乐，是因老我没有治死的缘故。人灰心沮丧、自尊心受挫，都是因自己里面有老我，要得人的喜爱和称赞超过他人。

这种嫉妒的心态若不及时克制，就会呈现为恶言恶行，甚者发展成暴力伤害或行凶杀人。像这样把嫉妒这一罪性付诸行动加害于人的，则无法承受神的国（加拉太书5章19-21节），因为那是显而易见的情欲的事。嫉妒可以分为以下几个类型。

异性之间情爱关系中嫉妒的表现

异性之间想要得到对方独钟的欲望，给嫉妒情绪的滋生提供了温床。雅各的两个妻子利亚和拉结就是典型例子。雅各是信心之父亚伯拉罕的孙子、以撒的儿子，他有两个妻子分别名叫利亚和拉结。她们是亲姐妹，是雅各的母舅拉班的女儿。姐姐利亚是雅各中了母舅计谋而娶的妻子，妹妹拉结是雅各所深深恋慕，以给舅舅服役14年为代价所娶的爱妻。雅各自然爱拉结胜过利亚。然而，利亚一连生了四个儿子（流便、西缅、利未、犹大），拉结却不能生育。

在那个时代，女人不能生育，被看做是奇耻大辱。因着此事，拉结持久嫉妒姐姐利亚。她被嫉妒蒙蔽了双眼，甚至无理取闹烦扰自己的丈夫。——"你给我孩子，不然我就死了。"（创世记30章1节）

此后，拉结和利亚各将自己的使女给丈夫为妾，争相夺获丈夫的专宠。她们心里哪怕有一点点属灵的爱，也会因对方得丈夫宠爱而欢喜。嫉妒纷争给利亚、拉结和雅各带来了不幸，又给儿女们带来了负面的影响。

因别人比自己优越而嫉贤妒能

不同的人有不同的价值取向，这又决定了各人不同的自卑成因。不过，大致上讲人们嫉妒的情绪往往是在觉得别人的富裕，博学，能力高过自己时产生。这种弊病在家庭、公司、学校等社会生活的方方面面比比皆是。领先众人的人，一帆风顺的人，往往是人们嫉恨、挖苦、诽谤的对象。"要想出人头地，赢得声望，必须踩着别人的肩膀往上爬。"——这是当今人们普遍的意识形态。

例如：用揭人之短，或造谣诬陷的伎俩，使对手遭上司冷眼，以图达到打败对手的目的，在公司里的升职竞争中这种现象十分常见。在校园里，学习好，蒙老师喜爱的学生遭同学排挤的现象也是屡见不鲜。在家庭里也不例外，为了赢得父母的认可和宠爱，或为了分得更多的遗产，兄弟之间互相嫉妒纷争。

追溯到人类最初的杀人者——该隐，神只看中弟弟亚伯的献祭，该隐就嫉恨填膺，杀害了弟弟亚伯。父亲亚当和母亲夏娃应该经常教导孩子们理当宰杀祭牲，向神献上血祭，然而该隐却轻忽怠慢，随意用自己地里的出产献祭。

> 按着律法，凡物差不多都是用血洁净的，若不流血，罪就不得赦免了。（希伯来书9章22节）

亚伯则不同，他按照神的旨意，取自己羊群中头生的，带着诚心实意向神献祭。或许有人认为亚伯是放羊的，拿羊羔献祭并不难，但事实上并非如此。他从父母领会神的旨意，并立志谨守遵行，于是神只悦纳亚伯的献祭。此时，该隐非但不省察自己的过错，反而嫉妒自己的弟弟。嫉妒之火在他心中燃起，愈燃愈烈，以至于为恶所胜，杀害了自己的弟弟。这一事件给亚当和夏娃所带来的痛苦之巨大，可想而知。

主内弟兄之间的嫉妒现象

在教内也有这样一群人，总爱嫉贤妒能，看不惯那位分地位比自己高，信仰水准比自己领先，对使命的热忱比自己高涨的人。这种情绪一般在与自己年龄、职位相仿或素来相识的人进行比较时产生。尽管别人不曾得罪过自己，也没有对自己造成任何伤害，却莫名其妙地对别人产生反感，情绪翻腾。一个熟知的人得众人喜爱和赞赏时，人很容易产生不满情绪，因为平时了解对方，觉得对方没有优于自己之处，倒有不少欠缺和不足。如果这个人是自己所当服侍的上级，就不肯顺从、听受指示，反而揭其之短，扬其之过，想方设法要贬低上级。

还有这样一种情形，正如马太福音19章30节所说："然而，有许多在前的，将要在后；在后的，将要在前。"当比自己年轻，位分低的人凌驾自己之上的时候，人往往会产生很强烈的嫉妒心。这种嫉妒现象不独发生于圣徒之间，也发生于主仆与圣徒之间，或教会与教会之间，教团与教团之间。凡见到荣耀神的事，应当一同欢喜快乐，然而却是互相诽谤、定罪，甚至污蔑为异端。骨肉兄弟彼此相恨、互相纷争，作父母的会是怎样的心情呢？一定是寝食难安，再贵重的礼品也无法抹平其哀伤。更何况神的儿女互相嫉妒纷争，主的身体——教会和教会之间嫉妒纷争，主该是多么哀恸悲叹！

扫罗王对大卫的嫉恨

以色列第一任国王扫罗，他在无休止的猜忌和嫉妒中枉费了自己的一生。大卫对扫罗来说是救命恩人，也是救国功臣。当扫罗的军队在非利士敌将歌利亚咄咄逼人的威胁面前心惊胆战，士气低迷的时候，少年大卫挺身而出，用机弦甩石杀败了敌将歌利亚，扭转败局，大获全胜。此后大卫有效抵制非利士人频繁的侵扰，对保家卫国做出了贡献。欢迎凯旋的扫罗和大卫的人群中，传出了令扫罗极为反感的颂词，

扫罗杀死千千，大卫杀死万万。（撒母耳记上18章7节）

扫罗越想越懊恼，嗔怒难捺，不仅称颂大卫的百姓可恨，还觉得大卫其间的行踪可疑，越想越觉得其一举一动都暗藏煽惑民心造反篡位的阴谋诡计。从此，扫罗愤怒的矛头指向了无辜的大卫。

"民心已经归向大卫，篡夺王位岂非朝夕之事！"

想到这里，扫罗决意要找机会除掉大卫，以绝后患。当恶魔附身，扫罗心神烦乱的时候，大卫前来为他弹琴驱魔。扫罗趁机向大卫用枪要刺死他，幸好大卫灵机一躲逃此一劫。妒火中烧的扫罗一心要杀掉大卫，经常派遣大卫上阵打仗盼其战死，后来又亲自领兵穷追不舍，寻索其命。

大卫丝毫没有害扫罗的意思，因他是受膏的君王。扫罗清楚知道这一点。尽管如此，妒火一经点燃便一发不可收拾，心头恶念横生，使他心烦意乱。嫉妒使他一生痛苦，片刻不得安宁，直至他在

60

基利波山的战役中兵败非利士人，以自杀结束自己的性命。

因着嫉妒抗拒摩西的人们

民数记16章记载，利未子孙可拉、流便支派的大坍和亚比兰兄弟，对摩西和其同工亚伦心怀不满。他们觉得摩西这曾经作过埃及王子，后来又沦为逃亡者，在米甸旷野以放羊为生的一个落魄之人，居然作他们的领袖，很不甘心。他们嫉妒摩西，并贪恋摩西的地位，便私下里笼络人心伺机谋反。

可拉、大坍和亚比兰三人引诱收买250名同党徒众之后，觉得时机成熟，胜券在握，可以篡夺摩西的领导权，便找到摩西和亚伦纠问道："你们擅自专权，全会众个个既是圣洁，耶和华也在他们中间，你们为什么自高，超过耶和华的会众呢？"（民数记16章3节）

面对他们的攻击非难，摩西一言不发，只是俯伏在地向神求告，随后指正他们的错误，并将此事向神交托，等候神的判断。于是神对这一群叛党徒众发起烈怒，可拉、大坍和亚比兰乃至其家眷、人丁、财物都被活活坠入阴间，与其同谋反叛的250人也被烈火焚灭。

摩西非但从未害过百姓一人（民数记16章15节），反而为将百姓领入蒙福之地而殚精竭虑。与他相随的神迹和奇事，是神与他同在的明证，神藉着他彰显了降十灾于埃及全地；分开红海，使百姓走干地到彼岸；击打磐石使活水涌出；在旷野降吗哪与鹌鹑饱足众民等惊人的大能。尽管如此，这群人仍然抵挡摩西，甚至污蔑他为"擅自专权"，"自高自大，超过耶和华的会众"。

神借以警示百姓嫉恨摩西乃是极重之罪。使他们明白对神亲手设立的人论断、定罪等于是对神论断、定罪。因此我们不能随意非难奉主名所建立，传主福音的教会为"邪教"或"异端"。在神里面，大家都是一个肢体，一家兄弟姐妹，因此主内的人彼此嫉妒纷争，这在神面前实为大罪。

愚妄人贪恋世物嫉妒纷争

人靠嫉妒纷争，能实现自己的愿望吗？绝对不能。或许能在某种程度上将对手推向困境，使自己凌驾于对手，但最终还是得不偿失。"你们贪恋，还是得不着；你们杀害嫉妒，又斗殴争战，也不能得。"（雅各书4章2节）

反而正如约伯记4章8节所说："按我所见，耕罪孽、种毒害的人都照样收割"，最终自食恶果，要么疾病缠身，要么灾祸临到家庭和事业上。正如经上所记"心中安静，是肉体的生命，嫉妒是骨中的朽烂"（箴言14章30节）。嫉妒使人身心俱毁，对人百害无益。人若想领先于别人，应当向掌管人类生死祸福的神祈求，嫉妒纷争，勾心斗角，实乃愚妄之举。

当然，对人的祈求，神不会一味地成全。如雅各书4章3节所说："你们求也得不着，是因为你们妄求，要浪费在你们的宴乐中。"人凭着贪欲向神祈求，乃是违背神的旨意，故不会有效验。然而，不知有多少人随着贪心和私欲向神妄求！他们为自己的安逸，为自己的尊荣，专求财富、名誉和权势，却不求比那更重的灵魂兴盛的祝福。在牧会的过程中，每当看到这种现象时，都令我深感痛惜。

人若灵魂不得救，即使在世享受锦衣玉食的奢华生活，对他有何益处呢？我们应当切记，这世界和世界上的事，都要烟消云散，转眼成空。约翰一书2章17节说："这世界和其上的情欲都要过去，惟独遵行神旨意的，是永远常存。"传道书12章8节说："虚空的虚空，凡事都是虚空。"故弟兄之间不要为虚空无益的世物互相嫉妒纷争，只要竭力造就合神心意的圣洁心灵。这样，神必成全你一切的心愿，使你承受永恒的天国为基业。

出于嫉妒的争胜和灵里的追赶

信神的人产生嫉妒纷争的原因是信心小，缺少爱。缺少对神和天国的信心和爱心自然贪恋世上的财富、名誉、权势，彼此嫉妒纷争。蒙恩得救的人都是天上的国民，人若有这等确信，必将主内的弟兄姊妹当作比骨肉还亲。因为相信将来必要在天国相聚，永享爱与被爱的幸福。

对不信耶稣基督的人，我们也当看作宝贵，竭力领他们归主得救。在这样坚固的信心根基上建立真爱的人就可以爱邻舍如己，见到别人得好处，会一同欢喜，好像自己得好处一样。凡有这等真信心的人，不会迷恋世上虚空之事，而竭力得着更美的天国，一心追赶，殷勤作工。

> 从施洗约翰的时候到如今，天国是努力进入的，努力的
> 人就得着了。(马太福音11章12节)

灵里的追赶和出于嫉妒的争胜是有区别的。在主里面人人都当具有更新自己的心志和投身圣工的热心。但这种心志和热心要把握好分寸，免得脱离真理，绊倒别人。为圣工发出热心固然重要，但更重要的是要时常设身处地为人着想，求别人的益处，追求与众人和睦。

爱就完全了律法

四、爱是不自夸

有的人总爱自夸，他们自命不凡，得意忘形，从不考虑别人的感受，只管炫耀自己的本事、能耐。约瑟小时候出于幼稚为自己所作的异梦夸口，诱发了同父异母的兄长们对他的嫉恨。他由于从小蒙父亲的专宠，不懂得体贴哥哥们的心意。后来他被卖为奴，经过许多试炼，造就了属灵的爱心，但起初并不是这样。如此，尚未造就属灵爱心的人，很容易因着自夸而打破和睦。因此神说"爱是不自夸"。

自夸简单讲就是自己夸耀自己；彰显自己。自己在某些方面出众，就极力显扬，要得人的赞赏。那么，自夸会带来怎样的负面影响呢？

比如说在别人面前夸自己孩子学习如何如何好。或许有人听着一同高兴，但换了一个家里孩子学习不好的父母，听的时候会是怎样的心情呢？往往会感到挫伤自尊，懊恼沮丧，回家就对孩子大发牢骚。人若有关怀别人的善心，就算自己孩子学习优异，也不会轻易夸口。而且真心希望别人的孩子也能够出类拔萃，别人的孩子出人头地也一同分享快乐，不惜赞语。

爱夸口的人，往往吝惜于夸赞别人。他们以为别人的凸显，会导致自己的埋没，于是想方设法要给人抹黑。这样，夸口炫耀会引发纷争；夸耀的心与属灵的爱心是泾渭分明。人们以为自夸会使自己升高，得人赏识，但事实上并非如此，自夸的人很难得到别人由衷的尊敬或爱戴，反而会惹起别人的猜忌和嫉妒心。

现今你们竟以张狂夸口，凡这样夸口都是恶的。（雅各书4章16节）

爱世界的情欲滋生今生的骄傲

那么，人们喜欢自夸的原因是什么呢？因为心里存有今生的骄傲。"今生的骄傲"是指人为了享乐和自我满足而炫耀自己的属性。这种属性源于爱世界的心。人们所夸耀的往往是自己所重视的部分。喜爱钱财的人总爱夸耀自己的财富，注重外貌的人则喜欢炫示自己的容貌。就是把钱财、相貌、名誉、权势看得比神更重。

有一位弟兄曾在龙山电子市场销售电脑，事业蒸蒸日上，成为国内大企业的合作伙伴。由于扩张心切，操之过急地贷出各种款项，搭建会员制融资平台，筹集巨资投资设网吧连锁店、互联网传媒行业。抱着科斯达克指数上涨，会获得巨大利润的期望，成立了公司。

结果公司非但没有得到预期的盈利，反而资金周转不开，亏损越来越大，最终落得破产的结局。房子被没收拍卖，债务方逼债压力不堪承受。他只好带着幼小的女儿和临盆的妻子过起辗转地下室、阁楼的生活。到了这般境地，他便开始省察自己。他发现归因就是心中的私欲和贪婪——功成名就的欲望、对金钱的贪婪。又想起自己曾因今生的骄傲和对世界的贪恋，事业扩张心切，急于求成，冒险投资，给身边的人带来诸多痛苦。

他诚然向神悔改，离弃了今生的骄傲和贪心私欲。虽因生活所迫从事清理下水管道、清理化粪池等艰苦劳动，但他依然感到幸福

66

喜乐。这一表现得神的喜悦，神给他开启了崭新的事业道路。他从此按照《圣经》真理，坚持正道经营，从而蒙神赐福，事业日渐兴旺。

> 不要爱世界和世界上的事。人若爱世界，爱父的心就不在他里面了。因为凡世界上的事，就像肉体的情欲，眼目的情欲，并今生的骄傲，都不是从父来的，乃是从世界来的。(约翰一书2章15-16节)

南国犹大第13任国王希西家，曾经一时行神眼中看为正的事，带领百姓清除偶像，净化圣殿，归神为圣。他曾靠神挫败了亚述的入侵；当他身患绝症时，流泪向神恳求，蒙神怜悯加增他15年寿数。但他心中所残留的今生的骄傲，导致了一场巨大的灾难。巴比伦王听到他康复的消息，就特派信使向他表示庆贺。

希西家王激动得忘乎所以，向巴比伦的信使炫示他王宫宝库的财宝、武库的军器和圣殿的器物。这一炫耀自夸导致南国犹大遭受巴比伦侵略，他所夸耀的一切被洗劫一空(以赛亚书39章1-6节)。这种夸耀的心是从虚空的世界来的，自夸是不爱神的明证，正如经上所说"人若爱世界，爱父的心就不在他里面了"。总之，要想成就真爱，必须把这今生的骄傲从心中除去。

当指着主夸口

有一种夸口是佳美的，出于良善。正如哥林多后书10章17节说："但夸口的，当指着主夸口。"就是主里面的夸口。指着主夸口多多益善，因为这会荣耀神的名。最典型的以主夸口就是为主作见证。

使徒保罗所说："但我断不以别的夸口，只夸我们主耶稣基督的十字架。（加拉太书6章14节）"就是指着使我们获得救恩作神国子民的耶稣基督夸口。我们本是注定灭亡的，却因耶稣在十字架上为我们偿还罪债而获得永生，这是何等大的福气！我们应当向主谢恩。使徒保罗称他不为别的夸口，只为自己的软弱夸口。

他对我说："我的恩典够你用的，因为我的能力是在人的软弱上显得完全"所以，我更喜欢夸自己的软弱，好叫基督的能力覆庇我。（哥林多后书12章9节）

使徒保罗彰显了许多权能的神迹，甚至有人从他身上拿手巾或围裙放在病人身上，病人就得了痊愈。他经过三次的传道旅行，领许多人受洗归主，在各地建立了教会。但他从不归功于自己，而单单指着主夸口称这一切皆因神的恩和主的大能所成的。

如今也有许多人见证自己生命中所经历的永生神的大能。他们口中述说神的慈爱，作那美好的见证说：我因恳切寻求神，并用行为显出爱神的凭据，神就医治了我的疾病，赐我物质上的祝福，成就了和睦的家庭。

爱我的，我也爱他；恳切寻求我的，必寻得见。（箴言8章17节）

他们尤其因蒙属灵的祝福，就是因经历神的慈爱，信心得以长进而感恩并为此夸口。这样，主里面的夸口，不仅荣耀神的名，还会给人栽植信心与生命，并能为自己积攒天国的奖赏，心里所求的也更快得蒙应允。

但指着主夸口的人也要查验其中是否暗藏求自己荣耀的心态。有的人虽然声称归荣耀与神，但本质上是要彰显自己。他们抱有"蒙这样的祝福是我付出艰辛努力的结果"的心态，隐然自满得意。貌似是把荣耀归给神，但其实是归功于自己。这样的人会遭撒但的控告，必吃他自夸所结的果子。遭遇诸般的试探与患难，当无人赏识自己时甚至会背弃神。

正如罗马书15章2节所说："我们各人务要叫邻舍喜悦，使他得益处，建立德行。"我们应当只说给人栽植信心与生命的恩言，造就众人，建立德行。如同过滤器净化水质，我们说话之前至少这样慎思一下，"过滤"一下——"此话是否对人有益，会不会造成伤害？"便能荣神益人，建立德行。

怎样除去今生的骄傲

就算有许多可夸的，人生在世难免一死；生命一旦结束，必去天国和地狱中一个地方。天国是光明的国度，脚下的路是精金。那里的荣美与富足是这地上人间所无与伦比的。人在地上所炫耀的，到那里便不值一提。人死后若去了地狱，那么他在世上所享受的名声权力财富，对他有何益处呢？

人若赚得全世界，赔上自己的生命，有什么益处呢？人还能拿什么换生命呢？人子要在他父的荣耀里，同着众使者降临，那时候，他要照各人的行为报应各人。（马太福音16章26-27节）

世人眼中值得骄傲的事物，不会给人带来生命与真正的满足。反而激发挑旺人心里的贪欲，使人自取速速的灭亡。人若悟出这个道理，心中充满对天国的盼望，就可以获得全新的力量，除掉今生的骄傲。孩子获得最新型智能玩具，就会毫不留恋地放弃曾经爱不释手的那破旧而简陋的玩具，同样，当人得知用精金宝石所修饰的富丽堂皇的天国，就不再追求迷恋这地上虚空无益的事物。

我们离弃了今生的骄傲，就会单单指着耶稣基督夸口。因为知道这世上的事无一值得夸口，我们唯独可夸的，就是我们将来在天国所要得享的尊荣。这样，前所未有的喜乐天天在胸中荡漾。在生命历程中，即使遭遇各种试炼，也不觉得苦累，反而时常记念神用自己独生爱子十架上的牺牲，赎出我们脱离死亡的大爱，凡事谢恩，常常喜乐。如果我们心中没有今生的骄傲，就不会因得称赞而得意，不会因受责备而灰心；蒙称赞时会更加谦卑地省察自己，受责备时会由衷地感谢别人的开导指正，并倍加发奋努力。

五、爱是不张狂

　　喜欢自夸的人，总以为自己比别人优越，容易骄横张狂。事情一帆风顺，事业蒸蒸日上，他们就自鸣得意，居功自傲，懈怠懒散。查考《圣经》便可得知骄傲张狂乃是神最憎厌的恶性之一。导致人类语言变乱的巴别塔事件的起因也是人类要与神争胜的骄狂自傲。

骄狂之人的特征

　　这里"张狂"（英译为insolent；韩译为骄傲）是指骄横自傲，狂妄自大，睥睨一切，总以为自己在所有方面比别人优越的心态和行为表现。骄傲的人唯我独尊。凡事藐视别人，高高在上喜欢教训别人。他们一般对感觉不如自己的人有这种表现，然而更甚者对曾经启蒙自己并赐教的人，或比自己的位分高的人表示轻慢的态度。上面的人规劝或指责，他们就抱怨："不了解真相实情，凭什么指手画脚。"或不肯领受："这些不说我也明白，我自己会做好。"

　　和这类人进行对话，很容易发展成争辩，争辩升温，导致生气动怒，甚至会大打出手。箴言13章10节说："骄傲只启争竞，听劝言的，却有智慧。"提摩太后书2章23节说："惟有那愚拙无学问的辩论，总要弃绝，因为知道这等事是起争竞的。"我们应当知道唯我独尊，自以为是的想法是出于愚妄和邪恶。

　　良心因人而异，见识也不例外。因为人在生活中所见，所闻，所学，所历各不相同。人所积存的知识中有很多错误观念，也有很多出于主观臆断的荒谬见解。这些知识随着时空变迁渐渐僵化凝固，形成了自义和成见。自义是自以为是的观念，成见是自以为是的观念僵化的结果。有的人用性格铸就了成见，有的人凭着见识打造了成见。

成见如同人身体的骨架，为人塑造独特的个性，一旦固化成型就很难打破。人的意念大多也是出于自义和成见。自卑感强烈的人当别人无意间用手指指着自己也会做出敏感反应；看见富人整整衣襟，也认为他是在炫耀自己衣服的华贵；听到有人用高深的言辞讲话，就觉得对方瞧不起自己。

上小学的时候，老师告知我们自由女神像坐落在美国西部旧金山。老师指着地图，给我们讲述这一从未游历过的陌生的国度，至今记忆犹新。时过境迁，在上世纪90年代初我去美国主持联合布道盛会。到了纽约，我居然在那里看到了自由女神像。

自由女神像不是在旧金山吗？怎么会在纽约？我甚觉蹊跷。问身边的人，他们说自由女神像本来就在纽约。当一个从小深信不疑的常识澄清为被误导的错误时，我幡然醒悟——我所信以为真的知识，也不一定都对。所以人自以为是的观念中，有很多是错谬的。

骄傲的人明明自己错了也不肯承认，继续固执己见，最终导致争辩。谦卑的人则不同，即使自己有理而别人理亏，也不会与人争辩。即使有十分的把握，也不排除自己在认识上有误的可能性，因为丝毫没有争胜心理。

谦卑的心包含着"看别人比自己强"的属灵的爱。即使对方才疏学浅势弱力薄，远不如自己，也会由衷地看对方比自己强。就是对小孩子也会温馨体贴，真诚关怀。因为他们知道每一个灵魂都是

爱就完全了律法

靠耶稣宝血得赎的珍贵的神的儿女。

属肉的骄傲和属灵的骄傲

炫耀自己，藐视别人等显而易见的骄傲是比较容易发现的。这就叫属肉的骄傲。当人接待耶稣基督，认识真理，就会努力离弃这种显而易见的骄傲，故比较容易根除。相反，属灵的骄傲则不仅自己难以发觉，而且不容易离弃。那么，什么叫属灵的骄傲呢？

一个人信主时间长，听了很多道，具备很多属灵的知识，自然会领受职分，担当使命，地位也随之升高。此时人往往会产生一种错觉——尽管这些道仅仅存在头脑里，却自以为神的道已成形在心里。而且明明对人指责、论断、定罪，却以为自己是在用真理辨明是非。有的人甚至心高气傲，顺着自己的私欲，轻慢自己当守的次序。自己的作风明明是违背次序的，却是推诿，认为"论我的地位，这是可以容许的，我是例外。"这样居心高傲的状态叫做属灵的骄傲。

一个居心高傲，轻慢神的法度和次序的人，声称"我爱神"，显然不是真实的。论断别人，定别人的罪，也是没有爱心的明证。真理是除了善美的一律不看、不听、不说。

弟兄们，你们不可彼此批评。人若批评弟兄，论断弟兄，就是批评律法，论断律法。你若论断律法，就不是遵行律法，乃是判断人的。（雅各书4章11节）

发现别人的缺欠时会有怎样的心态呢？据说非洲巴本巴部落社会惯用一种十分奇特的治罪方式。各人放下手中的工作聚集在广场，将犯人围在中间，边绕行边夸赞他过去所作的好事。就是诚心诚意地称赞他身上的优点长处善行美德，历时数个小时，甚至好几天，直至赞词绝尽。事后众人为他设宴，对他已然悔过自新表示庆贺。

在此过程中，那犯人萎缩的自尊心受感得以恢复，决心要报答邻里的关爱。正因得益于这种特殊的审判方式，据说犯罪行为在这个部落社会中几乎绝迹。查验自己看到别人的过犯时，是论断、定罪的恶意当先，还是包容和遮掩其过的善念在前，借此可以衡量自己心里成就谦卑与仁爱的程度。我们不能因信主时间长，就自满和自醉，以为自己的灵性造就已达到某种高度，导致在信仰上懈怠懒散不思进取。

人人都有骄傲的属性，在成圣之前，人随时都有可能为骄傲所胜，因此第一要紧的就是要把那骄傲从心里拔除净尽。即靠火热的祷告，把那骄傲的根性彻底拔除，否则不知何时复又显出骄狂的言行。就如斩草未除根，得势又生芽。若不从心里彻底拔除罪性，在信仰历程中骄傲的心还会重新抬头。因此当谦卑如小孩子，在主面前降卑己心，看别人比自己强，坚持不懈地在真爱中建立自己，最终达到能够倾尽生命服侍别人的爱的最崇高境界。

信靠自己能力的骄傲的人们

尼布甲尼撒王是开创大巴比伦帝国黄金时代的人物。古代世界八大奇迹之一——空中花园，就是在他那个时代所修建的。他将巴比伦王国的繁荣和业绩全都归功于自己，大肆炫耀，并为自己铸造铜像，叫众民崇拜他如神。

这大巴比伦不是我用大能大力建为京都，要显我威严的荣耀吗？（但以理书4章30节）

于是神使心高气傲的他认识到谁是万有的主宰（但以理4章31-32节）。他后来被赶出王宫，蓬头散发，与兽为伍，吃草如牛，在旷野流离七年，国王的尊严尽失。就这样，神若不许，人什么都得不着。七年之后，尼布甲尼撒王精神恢复了常态，彻底悔悟自己的傲慢，终于承认这位独一无二的真神。

现在我尼布甲尼撒赞美、尊崇、恭敬天上的王，因为他所作的全都诚实，他所行的也都公平。那行动骄傲的，他能降为卑。（但以理书4章37节）

不仅尼布甲尼撒王如此，信神的人当中也有声称"我生活，靠自己"的人。但世界并没有那么简单。人生在世会遇到很多人力不可解决的问题。当今世界科学技术虽很发达，但对台风或地震等天灾，至今仍然束手无策。

而且，现今仍有许多疾病是医学上攻克不了的。尽管如此，人们遇到各种问题总要依靠自己，就是不肯信靠神。他们试图依靠自己的理智、经验、知识来解决问题，当不尽如人意时，他们竟然埋怨神。就是因为居心高傲，所以不肯承认自己的缺欠和软弱，不能谦卑地信靠仰赖神。

更令人痛惜的是，信神的人当中也有一些人凡事只相信自己和世界，不肯信靠仰赖这位全能的神。神愿意帮助人，但人若自视其高，不肯降卑，神也无法帮助他。招致仇敌魔鬼、撒但亵渎毁谤，他也得不到神的保守，更得不到凡事亨通的祝福。正如箴言18章12节所说："生死在舌头的权下，喜爱它的，必吃它所结的果子。"人挫败和灭亡的原因不是别的，就是心中的骄傲。

神称骄傲的人为愚妄。在以天为座位，以地为脚凳的至大的神面前，人是何等的渺小！即使有许多可矜夸的，人的一生也只是过眼云烟，转瞬即逝，死后且有审判，神照各人所行的报应各人，在神面前谦卑行事，诚然服侍的人在天国必成为尊大的人。正如雅各书4章10节所说："务要在主面前自卑，主就必叫你们升高。"这样的人，主必使他升高。

一沟凝滞的死水，注定腐烂变质，而径向低处淌流不息的活水，最终汇入汪洋大海，化作生命宝库。愿各位读者能够以谦卑为怀，将自己摆在低处，以至得神的称许，得享崇高的地位、极大的尊荣。

爱的特性 I

六、爱是不作害羞的事

举止(Manner)、礼仪(Etiquette)是人际交往中不可或缺的要素。

人们在日常生活中的举手投足，一言一笑，都可以概括为举止。举止是一个人动作表情的总合。礼仪是礼节、仪式的统称，是指在人际交往中，以一定的、约定俗成的程序和方式来表现的自律、敬人的完整行为。礼仪涵盖了我们生活的方方面面，包括谈话礼仪、商务礼仪，乃至高尔夫运动礼仪、剧场观众礼仪等等。如果说礼仪是建立良好人际关系的约定俗成的不成文法则，那么行为举止是个人礼仪修养的重要反映。

举止、礼仪不容忽视，在人际交往中其作用是举足轻重的。端庄的姿态、合时合地的典雅的举止，会给人留下美好的印象。反之，举止粗俗不雅，不讲究基本礼仪，会给人带来不悦之感。爱是不作害羞的事，英文作"Love isnot rude"，意即爱不会无礼（韩文《圣经》亦同）。害羞的事，从广义上讲是指一切违背真理的事，但从爱的观点上讲，是指对神对人轻慢无礼的心态和言行。爱是不轻慢无礼。口称爱神，却对人轻慢无礼，对方会是怎样的感受呢？一定会觉得那爱的告白虚伪不实，毫无触动。

无礼是指不循礼法；没有礼貌。礼节——包括问候礼节、谈话礼节等，会因国家和时代的不同而呈现出差异，但有人与人之间当守的基本礼节。然而，许多人不循礼法，无礼行事，却仍察觉不到。尤其对亲近的人容易出现这种倾向，常常一些貌似亲密无间的动作，有时会造成失礼的后果，呈现为无礼的言行伤害对方。

人若真正有爱，就不会无礼行事。人若拥有与众不同意义非凡的重价宝石，怎会掉以轻心呢？定会十分珍重，倍加爱护，唯恐遗失或受损。与此同理，我们若真正爱对方，自然会对其倍加珍重。

无礼大致可分为两个方面。一是对神的无礼，一是对人的无礼。

对神的轻慢无礼

有这样一群人，他们自称爱神，然而听其言、观其行，却是离爱神相距甚远。论到对神轻慢无礼的典型表现，首推礼拜时间打盹。礼拜时间打盹，等于是在神面前打盹。在一国之总统面前，或上司面前打盹尚且是无礼的表现，何况在万有的主宰——神面前呢？人在神面前打盹，他所谓的爱神显然是虚假的。口口声声说爱对方，却与对方交谈的时候打盹，这怎么可以说是真爱呢？

另外，礼拜时间和旁人闲谈，或恍惚溜号，也是属于无礼的表现。这些表现都是缺少对神的敬畏和诚心的明证。这对讲道人也是失礼的表现。在讲道时间，与旁人闲谈、开小差、打瞌睡，会令讲道人担忧——"我讲道他们是不是不蒙恩？"影响传道人得圣灵的感动。这样一来非但自己吃亏，也使别人受损。

礼拜当中起身离席也是无礼的表现。当然也有因礼拜事奉的原因中途离席的情况，除了这种例外的情况以外，所有与会的人应当坐不离席，专心诚意地拜神。有的人以为只要听完讲道，别的就不甚要紧，便在礼拜结束之前起身离去，这也是一种无礼的举动。

如今的礼拜相当于旧约时代的燔祭。人向神献燔祭，必须将供物，即燔祭牲切成块子，全部烧在坛上，才蒙悦纳（利未记1章9节）。这意味着人向神敬拜，必须按照指定的格式和程序，从头到尾完整地献上，才蒙悦纳。从默祷，或使徒信经开始，到最后以祝祷或主祷文结束为止，敬拜神的人应当遵循每一个环节，倾心尽诚献上。除了正式的礼拜以外，赞美礼拜、区域礼拜也要用一样的诚心献上。

人若想献上至诚的礼拜，首先做到不迟到。对人不守时尚且是严重失礼，何况在神面前迟到，是何等冒失的表现呢？神为了接受我们的礼拜，在殿里等候我们。故我们不能掐时踩点匆忙赶到，气喘吁吁地进入礼拜，而应当提早来到殿里，用祷告预备自己的心灵。这是对神最基本的礼节。除此之外，喝酒吸烟之后出席礼拜；礼拜时间手机处于开机状态，甚或操作手机；放任小孩子戏耍吵闹，这些都是对神轻慢无礼的表现。礼拜时间嚼口香糖，或吃喝零食也是如此。

参加礼拜时的仪表很重要。随意披上日常休闲便装参加礼拜也是对神失礼的表现。服装是对别人以示尊重的一种表态。信神的人知道神是何等圣洁尊贵荣耀，因此会换上最干净最庄重的服饰来到神面前。当然也有例外的情况，比如周三或周五礼拜，圣徒们大多从公司里直接赶来。为了赶时间，有的人来不及换新装，就穿着工作服、制服出席礼拜。针对这种情况，神不以为无礼。反而看中他们百忙之中也依然爱慕礼拜的爱神的心怀而感到欣喜。

神愿意通过礼拜和祷告，与儿女们进行爱的交流。敬拜和祷告是神的儿女当尽的义务和本分。尤其祷告是我们与神的对话。有的人以急事为由在别人祷告时招呼、打断，这种现象等同鲁莽插嘴打断长辈谈话一样的无礼的举动。祷告的人也不应该因别人招呼自己就立刻中断与神的对话，这也是轻慢神的表现。遇到此类的事，应当郑重地把总结祷告做完之后，予以回应。

当我们用心灵和诚实献上礼拜和祷告时，神必以祝福与赏赐报答我们。反之，在神面前屡屡轻慢无礼，则会形成罪墙，渐渐与神隔断。夫妻之间，或父子之间的关系中若是缺少爱的成分，时间长了不免会形成危机。我们与神的关系中若是缺少爱，也会遭受疾病、事故等各种问题，而且持久祷告也得不到任何回应。因此单把礼拜和祷告的态度纠正过来，也能使问题迎刃而解。

圣殿是神圣洁的居所

圣殿是神的居所，正如诗篇11篇4节所说："耶和华在他的圣殿里，耶和华的宝座在天上，他的慧眼察看世人。"旧约时代的圣所是分别为圣的空间，独有祭司长有资格进入。尤其圣所里的至圣所，只容大祭司一年一度进去行赎罪的礼。然而，如今凡承蒙主恩的人，都可以进入圣殿敬拜神。因为耶稣用宝血代赎了我们的罪，正如希伯来书10章19节所言："弟兄们，我们既因耶稣的血得以坦然进入至圣所……"。

圣殿并非单指礼拜堂。圣殿是指包括院子和附属设施等同属圣殿的一切空间。因此，在属于圣殿的任何一处场所里，我们都当谨言慎行。不可大声吵闹，不可谈论商务或娱乐等关于世界的话题。不可擅自操弄圣殿的器物造成故障、破损或浪费，哪怕是一个奉献金信封也不能任意使用。

尤其圣殿里买卖交易行为当要彻底杜绝。有人在教会办公室进行网购，通过网银付款又接收邮件，却不以为是圣殿里的买卖行为。然而这很显然是买卖行为。应当切记当年耶稣对那些在圣殿院子里买卖献祭用的牲口，兑换银钱的人们大发烈怒，倒出兑换银钱之人的银钱，推翻他们桌子的情形。就是这种买卖献祭用牲口的行为，主尚且不容，何况按照私人需求进行买卖的行为呢？在神的殿里，以谋取私利为目的的任何一种买卖行为都是严禁的。在教会院子里进行慈善义卖也是不合宜的。

圣殿的一切场所都是分别为圣的，是万民祷告、是敬拜神的殿，圣徒在主内分享恩典的场所。另外要留意的是，我们不能因为经常在教会聚会、祷告，对圣殿的敬畏心变得松懈麻木。如诗篇的记录者所说："在你的院宇住一日，胜似在别处住千日。宁可在我神殿中看门，不愿住在恶人的帐棚里。"（诗篇84篇10节），爱慕圣殿的人，绝不会在神的殿里做出不虔诚的行为。

对人的轻慢无礼

《圣经》讲：不爱所看见的弟兄，就不能爱没有看见的神。我们对所看见的人轻慢无礼，怎能谦恭敬重没有看见的神呢？

> 人若说，"我爱神"，却恨他的弟兄，就是说谎话的；不爱他所看见的弟兄，就不能爱没有看见的神（有古卷作

"怎能爱没有看见的神呢？"）。（约翰一书4章20节）

那么，在日常生活中我们容易忽略的无礼的表现都有哪些呢？无礼的举动往往是在不考虑别人的立场，只求自己的益处时出现。打电话也要讲究礼节，这也是不容小视的。深更半夜打电话，或只顾自己滔滔不绝一吐为快，根本不考虑别人的忙闲或方便与否，令人难堪、无奈。除此之外，不遵时守信；没有提前预约就冒然造访等也是失礼的表现。

或许有人想："与亲密无间的人，这样斤斤计较，未免有失情谊吧。"当然你或许有凡事理解和包容的知音之交，但别人的心意你是无法完全参透的。人自以为亲密的某种动作，或许会给对方以不同的感受。因此，我们应当凡事努力站在别人的立场上进行思考。尤其对熟悉、亲密的人在言行上要格外注意，免得做出轻慢无礼之举。

因为是亲密之交，就毫无顾虑地信口开河，给对方带来伤害，这样的事情我们不是常见吗？在礼节方面，对家人、密友轻忽怠慢，或会导致关系冷淡疏远，甚至不如外人。有的人对比自己年少，或地位低下的人无礼以待；轻易使用不文明的称呼，常用轻蔑或命令的口吻说话，令人生厌。

对父母、恩师或长者要谦恭服侍，这是天经地义，然而当今世界，用真诚的心去服侍的人实为难寻。或许有人说现在时代不同了，观念也要更新，但道德的标准是不能因着岁月的流逝而更改的。利未记19章32节说："在白发的人面前，你要站起来，也要尊敬

83

老人，又要敬畏你的神。我是耶和华。"

神的旨意就是叫人尽自己当尽的本分，故我们也当守好世上的法律和规章制度，使自己行事为人磊落端正。在公共场所高声亮嗓，大叫喧嚷；乱扔垃圾，随地吐痰，或违反交规，这些均是贻害公众的陋习。在世作光作盐，乃是基督徒义不容辞的责任，身为基督徒更应当讲究文明的言行。

一切礼节的衡量标准——爱之律

大多数人每天都要为人际交往花费很多时间，包括交谈，会餐，共事等等。这会涉及到很多人际交往中当守的基本礼节。但学识、观念因人而异，按国家和种族的不同，文化、习俗也呈现差异。那么，我们当以什么为遵礼守节的标准呢？

就是我们里面的爱之律。"爱之律"是指本为爱的神所立的法度。学习领受神的道，并谨守遵行，用耶稣基督的教训造就自己，便可以完全脱离无礼的事。爱之律所包含的另一种意义是：关怀。

漆黑的夜里，一个人手持灯笼行路。迎面而来的行人发现此人乃为盲人，甚觉蹊跷，便问："您是位盲人，为何还要持灯行路呢？"那盲人回答说："这样可以避免与您相撞。此灯是为您而预备的。"这则故事所含关爱他人的真谛令人深思不尽。

貌似无足轻重，但关怀具有触动人心的伟大力量。无礼的举动，其实是源于没有关爱的冷漠之心。人有真诚的爱，自然对人关怀备至，绝不轻慢无礼。果农为了培育出营养丰富的极品橘子，对繁密的幼果进行去劣存优的调整。但不能去果太多，否则会适得其

爱就完全了律法

反：橘子数量少，由于吸收养分过多，会变得果皮坚厚，味道欠佳，反而失去了经济价值。我们人类也与此相仿，不为别人着想，单顾自己的利益，或许能暂享安舒，但最终必然落得孤立无助，就像因独揽养分而贬值的橘子一样。歌罗西书3章23节说："无论作什么，都要从心里作，像是给主作的，不是给人作的，"故我们无论对何人，都要像服侍主一样，诚然以礼相待。

七、爱是不求自己的益处

现代社会充斥着利己主义，人们只计个人得失，不顾公众利益。为了降低成本，在婴儿奶粉里添加有害成分；为个人利益而出卖国家核心技术机密，给国家造成巨大损失等这类祸国殃民的事比比皆是。"不要建在我家后院"（Not in my backyard）——这种邻避效应，亦即群体反对在当地建设垃圾场、殡仪馆等邻避设施的现象也已成为严重的社会问题。我们或许觉得这类唯利是图，损人利己的极端表现于己无关，但把"先求自己的益处还是先求别人的益处"作为衡量标准，仔细查验自己生活中的表现，就可以发现很多利己层面。

以跟同事或朋友会餐的情形为例，各有各的表现。有的人每次都专点自己爱吃的菜肴；有的人总爱应和别人的选择，但心里并不那么乐意；有的人则先让别人点菜，自己也津津有味地一同分享。那么，你是属于哪个类型呢？

比如说某个团契开会讨论某项活动筹备事宜。与会的成员纷纷开口，各抒所见，其中有的人强硬地坚持自己的意见和主张，有的人虽不固执己见，但认为别人的意见均不妥当。反之有的人尊重别人的意见，即使与自己的意见不合也乐意采纳。这种差异反映出各人心里爱有多少。

发生意见的对立，甚而出现纷争，打破和睦，原因就是己利当先，各执己见。本应同心合意，彼此恩爱的夫妻，若各人只顾自己的立场，不肯体谅和包容对方，便会使矛盾越发加深，最终到无法挽救的地步。只要彼此忍让，换位思考，完全可以互相理解和宽容，但因各执己见，互不相让，和睦便被打破。

我们爱一个人，就会凡事先为他着想。想想父母的爱吧！他们以无私的情怀，凡事为儿女着想。"这家的宝宝像爸爸妈妈一样漂亮"——比这句话，他们更爱听"这家的宝宝比爸爸妈妈更漂亮"。自己宁可粗茶淡饭，省吃俭用，也要把好吃的食品，好看的衣服留给孩子。他们希望儿女比自己聪明，比自己出色。也希望儿女比自己更蒙认可和喜爱。我们若将这样的爱施与众人，神将是多么喜悦我们呢？

本着爱心求别人益处的亚伯拉罕

唯独心存忘我牺牲之爱的人才能活出以无私的情怀，求别人益处的境界。将自己的利益抛在脑后，先为别人的利益着想的经典人物，非亚伯拉罕莫属。亚伯拉罕离开家乡的时候侄儿罗得与他同行。罗得因与亚伯拉罕同行的缘故，同蒙赐福，家畜日趋繁盛。由于家畜甚多，水源紧缺，罗得的牧人和亚伯拉罕的牧人之间发生了争执。

亚伯拉罕以和睦起见决定分家。他放弃优先选择权，让罗得先选择自己看为美的地方。青草和水源是畜牧业发展的关键条件，迦南地周边水源牧草丰足的地方很少，让地，意味着放弃生存权。亚伯拉罕对罗得的这种关怀，是出于他真诚的爱心。罗得对亚伯拉罕的恩怀似乎没有半点知觉，毫不客气地选择水源充足，牧草丰盛的约旦河的全平原。望着利己自私的罗得渐渐离去的背影，亚伯拉罕的心里是否很不舒服呢？并非如此。反而因为侄儿得到水草肥美之地而欣喜。

神看中了亚伯拉罕的这颗善心，随时随处与亚伯拉罕同在，并赐惊人的祝福，使他成为巨富，甚至周边邦国的王也对他谦恭三分。这样，当人遵行神的旨意，不求自己的益处，而存着欢喜的心先求别人的利益，就必得到神的赐福和应允。

为所爱的人付出自己的一切，人的喜乐就没有比这个大的。这种喜乐，唯独曾向心爱的人赠送过自己珍爱之物的人才能知晓。耶稣得享过这种无上的喜乐。这种喜乐，唯独在完全的爱中建立自己的人才能拥有。向一个自己所恨恶的人施恩是很难的，然而只要化恨为爱，就一点都不难了，施予的时候反会欣喜满怀。

怎样得享无上的幸福

耶稣因着付出最崇高的大爱而赢得至上的喜乐和幸福。为了成就耶稣这般全备的爱，应当凡事以别人的利益当先。就是把个人得失抛在脑后，把邻舍、父神、恩主、教会的利益放在首位。在家庭里面也要先求父母、兄弟、丈夫、妻子、儿女的益处。这样的人会常蒙神的眷顾和保守。当我们这样求别人益处时，神必赐我们更好的福分，并以天国的奖赏报答我们。因此主说："施比受更为有福。"（使徒行传20章35节）

当然我们不能误解此话。为主舍己献身，尽忠竭诚固然可嘉，但要劳逸适度，以免过分操劳影响健康。超额完成自己分内之事的忠诚的心志是神所喜悦的，但人的身体偶尔也需要适当的休息。除外还需要安排个人灵修的时间，为自己的灵魂兴盛祷告、禁食，用神的道装备自己。

有这样一群人，专注倾向于教会生活，给他人造成亏损。比如：以因禁食之故体力不支为由影响公司业务，或以忠于教会侍奉为由忽略对家人的关爱。身为家长对分内之职敷衍塞责，专顾教内的事；身为学生轻忽学业，只对主日学聚会饶有兴趣，这些都是不相宜的。这样的人因为自己对主殷勤，不曾贪图安逸，便以为自己并没有求自己的益处。然而对主的这种忠诚，反而有悖于"在神的全家尽忠"的原则，有失神儿女的本分，寻根究底还是求自己的益处。

我们当怎样行才能在凡事上不求自己的益处呢？就是要依靠圣灵。圣灵是神的心，引导我们进入真理。按着圣灵的指引顺从，就可以凡事为神的荣耀而行。

所以，你们或吃或喝，无论作什么，都要为荣耀神而行。
（哥林多前书10章31节）

为此必须除去心中的恶。同时用真爱造就自己的心，就可以随时获得属善的智慧，明晰分辨神的旨意。这样，我们灵魂兴盛，就会凡事兴盛，身体健壮，能够尽心竭诚为主效忠。这样的基督徒还会得到不信的家人或邻舍的喜爱。

针对新婚旅行归来接受祝福祷告的年轻夫妇，我总不会落下这样一句祷告："求主使他们彼此忍让，互相服侍，成就幸福美好的婚姻。"因为自私自利的心当先，就无法成就和睦的家庭。我们对

89

所爱的人，或对自己有利的人，容易忍让和服侍，然而对那些事事跟我们作对，为难我们的人、只求自己益处的人、无足轻重的人会是怎样的表现呢？针对那些违背真理的人、常说恶言的人又是怎样的表现呢？

　　若是躲闪回避，不肯做出牺牲，便是心中有私欲的明证。能够本着爱心为不合自己心意的人牺牲自己的，才是真正求别人益处的人。我们若是无论在任何状况中都能不以个人利益当先，而先求别人的益处，便可称得上是在属灵的真爱中建立了自己。

八、爱是不轻易发怒

爱能够使人心里明亮，积极肯定，怒则使人心里灰暗，消极悲观。恼怒的人不能住在神的爱里。仇敌魔鬼、撒但绊倒神儿女的典型伎俩就是栽植恼恨，惹动怒气。生气动怒的人就是中了魔鬼的诡计，踏跌仆倒。

发怒，不单指生气、骂人、打人等过激行为，也包括蹙额板脸、怒目横眉、出言刻薄等表现。这是心中的仇恨、不悦等负面情绪溢于外表所致。但我们不能只看人的表情就论断别人在生气，因为人的心思意念我们是无法参透的。

耶稣曾经怒斥并驱逐那些在殿里经商的人们。每逢逾越节，人们从各处汇集耶路撒冷，商贩们照群众献祭的需求，在圣殿的院里摆摊，给人兑换银钱，买卖牲口。经上指着耶稣说："他不争竞，不喧嚷，街上也没有人听见他的声音。"然而这样温柔谦和的耶稣，看见此情此景，骤然发起了烈怒。

耶稣就拿绳子作成鞭子，把献祭用的牛羊都赶出殿去，倒出兑换银钱之人的银钱，推翻卖鸽子之人的桌子。在场的人或许以为"耶稣脾气真大"、"耶稣在发怒"，然而耶稣所发的怒并不是出于恨意的恶怒，而是出于义愤的义怒。借以向人们警示：玷污神圣殿的行为，是决不可容忍的，就算是出于满足献祭需求的目的也是不可容忍的。这是本于神的爱。这爱乃是基于公义的完全之爱。

义愤和恶怒的区别

马可福音3章记载：耶稣在会堂里遇见一只手枯干的人。这天正是安息日，恶人窥探耶稣在安息日医治不医治，好抓住把柄来控告祂。耶稣知道他们的险恶用心，问他们说："在安息日行善行恶，救命害命，哪样是可以的呢？"（马可福音3章4节）

丑陋的心态被揭穿，他们顿时语塞。耶稣因他们的心刚硬，心中燃起了怒火。

> 耶稣怒目周围看他们，忧愁他们的心刚硬，就对那人说："伸出手来！"他把手一伸，手就复了原。（马可福音3章5节）

耶稣平生专行善事，他们倒是想方设法要定祂的罪，并要陷害祂。耶稣严厉斥责这些悖谬顽恶的人们，希望他们能够转离恶道，悔罪改过。耶稣有时发出义愤，也是出于唤醒沉睡的灵魂，引入生命之路的爱心。可见发怒和义愤是泾渭分明的。唯独弃罪成圣，无可指摘的人所发的义愤或责备，才具有使灵魂得生的功效。

然而，人心里有恶，就无法结出善果。人们发怒的原因有几样：首先是因对方不合自己的心意。各人的成长环境，文化程度不尽相同，因此思想观念，品德教养，判断标准也是因人而异。人要是想让别人凡事都合自己的心意，必然常遭负面情绪的困扰。

比方说丈夫爱吃咸味重的食物，妻子恰好相反。那么妻子出于对丈夫健康的考虑，可以劝丈夫说：吃淡不吃咸，有利于健康。但他若不愿意就不要强求，尽管这是很好的建议。只要彼此做出一些让步，保持适中，双方作出这样的努力，便可成就幸福的家庭。

发怒的另一种原因是别人不顺服自己。当一个人领先于别人，或地位比别人高时，往往希望别人服从自己。当然尊重上面的人，遵循次序顺服上面的权柄是真理，但作为上级强迫别人顺从自己则是不相宜的。这样的人往往对下属的话不屑一顾，要求下属对自己百依百顺，若是不从，就会大发雷霆。除此之外，当自己吃亏受损、受到不当待遇、自己的指示或要求没能落实好，或受人咒骂、凌辱的时候，也会轻易冲动发怒。

人在发怒之前，心里先激起负面情绪；对方不当的措辞或行为触动情绪的冲动，进而发展成动怒行为。产生负面情绪是动怒的前兆。我们发怒就无法住在神的爱里面，对灵命的成长带来极大的阻碍。

若不除掉负面情绪，我们无法得到真理的造就，常常后悔莫及。故我们应当除去怒气，杜绝发怒。哥林多前书3章16节说："岂不知你们是神的殿，神的灵住在你们里头吗？"参透万事的圣灵住在我们心里，神无时无刻不在察看我们，我们应当铭记这事，万不可稍不顺心就生气动怒。

人的怒气必不成就神的义

北朝以色列的先知以利沙，得到恩师以利亚加倍的灵感。他还彰显了许多神奇妙的权能——使不能生育的妇人得到受孕的祝福；又叫死人复活；使麻风病人得到洁净；还靠祷告退败敌军；还用盐治好

论爱的篇章

了耶利哥恶劣的水质。尽管如此，身为先知的他却罕见地患疾而亡。

原因是什么呢？有一次以利沙上伯特利去，一群小孩子从城里出来，围着以利沙戏笑愚弄。这是因为以利沙头发稀少，相貌欠佳的缘故。

"秃头的上去吧！秃头的上去吧！"（列王纪下2章23节）

面对成群的孩子聚来嘲谑戏弄，以利沙甚感困窘。无论好言好语的哄劝，还是声色俱厉的斥责，对这些孩子们均不起任何作用。孩子们的恶作剧丝毫不见收场的迹象，反而愈加顽固执拗，以利沙觉得忍无可忍。

以色列王国分裂时期，伯特利是北朝以色列偶像崇拜的主要地点。生长在那个地区的孩子们，因为从小受这种败坏风俗的影响，其心地自来就刚硬顽恶。这群孩子们当时很可能拦路围困唾面咒骂以利沙，甚至向他掷石扬土百般地羞辱。以利亚的忍耐到了极限，终于开口咒诅这群孩子们。于是有两个母熊从林中出来，横冲直撞地撕裂孩子们，有四十二个童子立时丧命。

虽然这一事件起因于孩子们对神人肆无忌惮的愚弄，然而，这也是以利沙心中依旧残留情绪这一恶性的明证。他最后死于疾病，并非与此无关。这一事件给我们留下的教训是：发怒，是神的儿女当离绝的恶行。

因为人的怒气并不成就神的义。（雅各书1章20节）

爱就完全了律法

怎样彻底离绝发怒?

有什么办法可以彻底离绝发怒呢? 是否要极力克制自己, 忍气吞声, 压住怒火呢? 弹簧压得越紧, 回力越大, 弹得越高。强忍怒气也是一样的结果。经过克制和强忍, 也许可以避免一时的冲动, 但心中的怒火总有一天会迸发出来。因此离绝发怒的唯一的方法就是除净负面情绪。强忍不是良策, 却是适得其反, 只要用善与爱修造自己的心灵, 就没有什么忍耐的必要了。

当然, 倒空情绪, 心中填满善与爱, 并非朝夕之间就能成就的事。需要付出日复一日的坚持不懈的努力。面临激发怒火的状况时, 首先用祷告向神交托仰赖, 并进行克制忍耐的操练。第三任美国总统托马斯•杰弗逊书房里, 贴着一句座右铭——"脾气上来, 数十个数; 怒不可遏, 数100个数。" 我国民间有一句俗话叫 "三忍可免杀身之祸"。

等你怒气上来的时候, 可以先仔细思考一下: 此时动怒, 对自己有何益处? 这样一来, 便可免一时冲动, 酿成大错, 以至惭愧, 后悔莫及, 何乐而不为呢? 迫切地祷告, 在圣灵的帮助下恒心忍耐, 就可以渐渐除去情绪这一发怒的根源。发怒的次数会不断减少, 从十次, 减为九次, 八次……最终即使遇到令人生气的状况, 也能保持心里的平静。到了这样的境界, 将是多么幸福呢?

愚妄人的恼怒立时显露, 通达人能忍辱藏羞。(箴言12章16节)

人有见识，就不轻易发怒，宽恕人的过失，便是自己的荣耀。(箴言19章11节)

含有生气、愤怒之意的英文单词——anger与含有危险之意的单词danger，只有一个字母的差异，显示出生气发怒的危险性。忍耐就是胜利，忍者就是赢家。然而有这样一群人，在教会凡事善忍；遇到不顺心的事也不生气，可一旦回到家庭、校园，或公司里却极易发怒。神无处不在，并不单单在教会里，我们的坐立行卧，乃至一言一语，甚至一思一念，神都鉴察。神的眼目无处不及，祂的灵住在我们心里。因此我们无论做什么，都当像是做在神面前。

据说有这样一对夫妻，有一天他们发生争执，愈演愈烈，丈夫怒不可遏，便对妻子破口大嚷："给我住口！"对这一粗暴的吼吓，妻子感情深受伤害，从此不再和丈夫说话，以沉默进行对抗，直至命终。无论不胜一时怒气伤害妻子感情的丈夫，还是怀恨赌气以沉默对抗到底的妻子，皆因着怒气，一辈子承受了巨大的痛苦。这样，发怒会给许多人带来痛苦，身为神的儿女应当通过坚持不懈的努力把这些愤懑情绪彻底地消除。

九、爱是不计算人的恶

在牧会工作中，要面对形形色色的人。感受神爱的程度因人而异，有的人一想到神，心中对神爱的感动便如潮相涌，热泪盈眶；有的则甚是困惑——"我信神，也爱神，但为何对神的爱感受不深？"

一个人对神慈爱的感受与感动的深浅取决于离弃罪恶，心意更新的程度。我们若遵行神的话语，逐一脱去心中的恶，信仰的成长就不会停滞，对神爱的感悟也相应加深。在建立信心的过程中，时而会遇到难处。每当那时我们应当记念恒久不变地忍耐并等候我们的神博大的慈爱。人若懂得这份爱，就不会刻意计算人的恶。

计算人恶的例子

美国富勒神学院心理学大学院名誉教授阿奇博尔德•哈特博士，在"生命中潜藏的瘾癖解读"一讲中这样讲道："现在美国每四名青年中有一名患有严重忧郁症。……忧郁症，乃至毒瘾、淫瘾、网瘾、酒瘾、烟瘾等各种瘾癖在侵蚀着年轻人的生命。"

他还提到："瘾癖会封闭大脑中的快感中心，企图通过其它方式得到满足。……瘾癖使人无法通过正常方式得到心理满足，因此对与神之间的交通所产生的恩典与愉悦毫无感知，这样的人可谓重疾缠身。"瘾癖体现在"不肯从神所赐的恩典与喜乐中满足自己，想要从其它途经获得满足，这是对神的藐视"。也就是说终日受神不喜悦之意念，即恶念支配的状态就是属于一种瘾癖现象。

计算人的恶，狭义上讲是对人产生的恶念，广义上讲是指一切违背真理的恶念。那么，什么叫恶呢？就是指与神的道、神的旨意相悖的一切。恶念大致分为三个方面。

　　第一是巴望别人倒霉的意念。

　　比如说一个人和别人争吵，心里恼恨，就冒出"巴不得你走路摔跤，喝水呛嗓"的念头。素有纠纷的邻居家发生了倒霉的事，就幸灾乐祸："活该！""痛快！""这是报应！"对学习比自己好的同学隐然希望其耽误考试时间。

　　有爱心的人是绝不会出现这种恶念的。焉有希望心爱的人生病或遭殃的人呢？人人都希望自己的丈夫、妻子、儿女健康常驻，和乐安康。巴望别人倒霉，遭致不幸，是因为没有爱心的缘故。

　　没有爱心的人，专爱吹毛求疵，并揭人之短，扬人之过。在自己所属的团契或在聚会上有人说别人的坏话若是吸引你的耳朵，就当深省自己的心态。听到有人说自己父母的坏话，谁能默然忍受呢？定会严加斥责，叫他住口。

　　当然，为了防止别人误入歧途，伸手拉一把，我们有时有必要了解别人负面的事。然而，除了这种情况以外，刻意打听别人的坏话，那就是因为自己爱说谗言，喜欢背后说人闲话的缘故。

　　遮掩人过的，寻求人爱；屡次挑错的，离间密友。（箴言17章9节）

　　以良善为本，慈爱为怀的人会遮掩他人之过。心存灵爱的人，不会因别人得好处而嫉妒憎嫌，他们真心盼望别人好，盼望别人得福蒙爱。耶稣甚至教导我们要爱仇敌，在罗马书12章14节里，又吩咐我们当为逼迫自己的人祝福。

第二是对别人论断定罪的意念。

比如看见一位圣徒进到基督徒不该去的某种场所。此时先浮现怎样的意念呢？心里有恶就会往坏的方面想——"这人怎么会这样呢？"如果比之稍有良善，则会先觉困惑——"去那种地方干什么呢？"随后极力把意念转为好的方面——"应该有什么事情吧。"

不过，具有属灵真爱的人是压根就不会产生恶念的。风闻别人的坏消息，在澄清事实之前绝不会轻率论断定罪。听到有关儿女的负面消息时，父母的反应如何呢？大多数父母不肯相信——"我家孩子绝不会做那种事"，反而认为传话的人心存不良。对自己所爱的人，人们往往极力往好的方面想，这是人之常情。

当今世界，人们总爱往坏处揣摩别人，开口就是挖苦和诽谤。人们不仅对自己熟知的人，对从未接触过的公众人物也指手划脚，品头论足。甚至不考虑别人的立场和处境，不去了解事情的始末根由，就信口开河，散布谣言。网络上散布的谣传，成为滋生恶性留言的温床，导致一幕幕涉事人悲观自杀的悲剧，这已成为严重社会问题。他们藐视神的道，专以自己的标准论断、定罪他人。然而，本为善的神向我们所定的旨意是什么呢？

设立律法和判断人的，只有一位，就是那能救人也能灭

人的。你是谁，竟敢论断别人呢？（雅各书4章12节）

唯独神有判断的资格。神说论断人是一种恶行。一个追求属灵真爱的人，面对一个明显有错的人，所关注的不是他的是非对错，而是改错归正的转变。他们切盼犯错的人灵性得到更新，蒙神的爱与祝福。

完全的爱体现在遮掩并宽恕别人的过犯，同时开导和帮助对方悔改归正。用真理去开导对方，并用真诚来打动对方的心，使他归入正路，心意更新而变化。用属灵的爱造就己心，在真爱中得以完全的人，无需刻意用善念对待别人。他们对那些多有欠缺和过犯的人也施以真诚的爱，凡事相信，凡事盼望，乐意开导和帮助。这样，当人除净了论断、定罪的意念，无论面对何人都是幸福快乐的。

第三是一切违背神旨意的意念。

"计算人的恶"不仅指对别人心怀恶念，也包括一切违背神旨意的心思意念，凡违背神旨意的意念都是恶念。人们通常指道德境界高尚、良心纯正的人为善人。然而道德和良心不是善的绝对标准，甚至有的道德和良心的标准与神的旨意相对。神的道是判断善的唯一标准。凡接待耶稣基督为救主的人无不承认自己是罪人。即使是觉得自己一生为人良善，扪心无愧的人，当用神的道对照自己时，也不得不承认自己是罪人、恶人。神的道是判断善的绝对标准，凡违背神道的都是恶，都是罪（约翰一书3章4节）。

那么，罪和恶的区别是什么呢？从宏观层面看，罪和恶是指违背神真理之道的一切非真理；也指与光明相对的黑暗。

但从微观层面讲，罪和恶有着明显的区别。用一棵树来比喻，恶相当于地里看不见的树根，罪相当于显现于地面上的枝干、绿叶和果实。没有根就没有枝干、绿叶和果实。恶就是罪的根，罪是恶的产物。恶就像在地里深钻牢扎的树根一样，是人心里与神的良善慈爱真理相对的根深蒂固的属性。这一恶性以具体的形态呈现，便是罪。

善人从他心里所存的善，就发出善来；恶人从他心里所存的恶，就发出恶来。因为心里所充满的，口里就说出来。（路加福音6章45节）

比如有人生气或骂人，甚至行使暴力。这是心里的仇恨这个恶性以生气、骂人和打人等具体的行为呈现，就是罪性显为罪行。作为罪的审判依据的标准是神的道，亦即神的诫命；神的道让人知罪，使犯罪概念具体化。没有法律，就没有罪犯，因为人犯了错误，没有罪名成立的依据、量刑的标准。与此同理，罪是因着神的道这一衡量标准而清晰显明，而且分类细致精确，如：仇恨、嫉妒、奸淫等肉体的事和争竞、恼怒、偷盗、杀人等情欲的事。世界上的刑法也根据社会危害性的大小，将犯罪划分为轻罪和重罪。按犯罪的对象，又区分为"侵犯个人权益的犯罪"、"针对社会公益的犯罪"、"针对国家权益的犯罪"。

人心里有恶不一定呈现为犯罪行为。有教养的人，或听了神的道，具备一定程度节制能力的人，即使心里有恶，也能克制自己不犯罪。这时人们容易自以为成圣了。然而，人必须把潜藏于内心深处的本性里的恶除去净尽，方能成为圣洁。人的本性里潜藏着受父母精气之遗传的恶性，这些恶性一般不外显呈现，只有碰到极端状况的时候才会显明。

有句俗话叫"饥饿三日，无人不是梁上君子"（韩国），人在全然成圣之前，一旦被逼到极端的状况，自己所未曾察觉的恶就会显现出来。苍蝇的粪便虽小也算是粪便，照样，一个人虽然表面行为上无罪，但在无瑕疵、无玷污的神看来还是有一些不洁的部分，严格地讲，这些都是属于恶事。帖撒罗尼迦前书5章22节说："各样的恶事要禁戒不作。"

神就是爱。神的诫命可以概括为一个主题，那就是爱。没有爱就是恶，就是罪。若想知道自己成就爱心的程度，应当查验自己有多少恶念。爱神，爱灵魂的程度越深，恶念就越少。

神的命令就是叫我们信他儿子耶稣基督的名，且照他所赐给我们的命令彼此相爱。（约翰一书3章23节）

爱是不加害与人的，所以爱就完全了律法。（罗马书13章10节）

怎样彻底清除恶念

首先就是凡属于恶的事一概不看、不听。纵使无意中看见或听见，也要极力克制恶念的萌动，不要留意回味，也不要存在记忆里。当然有时控制自己的意念并不那么顺心。有时越是不愿意想的东西越会清晰、执拗地浮现在脑海，但只要你坚持不懈地努力克服恶念，同时不住地祷告，必蒙圣灵的帮助。不仅不要故意去看、听、想象恶事，连一闪而过的念头也要彻底消除。

而且绝不能参与恶事。约翰二书10-11节说："若有人到你们那里，不是传这教训（基督的教训），不要接他到家里，也不要问他的安；因为问他安的，就在他的恶行上有份。"就是吩咐我们恶事决不可容忍，并且要彻底杜绝。

人的自我是通过与生俱来的罪性和在成长过程所见所闻的非真理所积垢的。信主以后，将这些罪性和非真理逐一除去，这就是信仰生活的本质。为了除净罪性和非真理，需要付出许多的忍耐和努力。因为在生活中，人们往往迷恋非真理而不亲近真理，再者非真理这个东西，人们接受容易，离弃却相对很难。如同白衣上滴了墨水，即刻渗透并扩散，但要使白衣重新变白则是极不容易做到的。

看似微乎其微的恶，也有可能发展成大恶。如经上所说"一点面酵能使全团都发起来"（加拉太书5章9节），若因恶小而为之，这恶就以很快的速度向周围的人蔓延。因此，即使是针对小恶，我们也当分外地谨慎，彻底地离绝。为了除去一切的恶事，我们应当对一切的恶事恨之入骨。

你们爱耶和华的，都当恨恶罪恶……。（诗篇97篇10节）

敬畏耶和华,在乎恨恶邪恶⋯⋯。(箴言8章13节)

凡对方喜爱的我都喜爱,凡对方厌恶的我都厌恶——人对自己所热爱人往往是这样的,无所谓缘由。与此同理,领受圣灵的神的儿女若是犯了罪,因圣灵在心中哀叹,心里觉得忧苦,便醒悟到神不喜悦,努力离弃那罪。当然,恨恶邪恶,竭力将恶倒空的努力固然重要,但比这更重要的是努力不再接受恶事。

神的道和祈求

恶是无益的,"撒罪孽的,必收灾祸。"(箴言22章8节)非但自己遭殃,也会殃及家人。心爱的儿女们患病或遭遇事故;家庭贫苦、不和,终日忧苦愁烦等等祸因就是自己撒下的罪孽。

"⋯⋯人种的是什么,收的也是什么。"(加拉太书6章7节)

当然也有灾殃不立刻呈现的情况。他们所积蓄的罪孽达到一定的限度,其报应就会临到子孙后代。很多人因为不懂这一法则,无所顾忌地行大大小小的恶。比如人们普遍认为对加害于自己的人进行报复是理所应当的。然而神吩咐我们说:"你不要说,我要以恶报恶。要等候耶和华,他必拯救你。"(箴言20章22节)神希望我们在凡事上行善。

神本着公义掌管人类的生死祸福。人若照神的话行善,必收善果。正如出埃及记20章6节的约言——"爱我、守我诫命的，我必向他们发慈爱，直到千代。"

我们若要保守自己，不被恶所沾染，必须要恨恶邪恶，并且要给自己的灵魂不断地注入两方面的能量：一是神的道，二是祷告。唯独昼夜思想神的话语，才能抵消恶念，建立善念、属灵的意念。并能获得本着真爱行事为人的具体方法，也就是说具体晓得怎样行才是真爱的体现。

而且当我们祷告时，深入思考神的道，并细细咀嚼，潜心品味，就可以醒悟发觉包含在自己意念和言行中的恶。只有在圣灵的充满当中，火热地祷告，才能除净心中的恶。衷心祝愿各位读者能够依靠神的道和祈求，快速离绝一切的恶，赢得幸福美满的人生。

十、爱是不喜欢不义

越是发达的国家，正直人成功的概率越高。越是落后的国家，越是充斥着贪污腐败，不义和非法。老百姓常说的"没有花钱办不了的事"，就是这种社会腐败怪相的真实反映。不义与一个国家的兴亡盛衰有着密切的关系，所谓"亡国绝症"。不义对个人的命运也产生巨大的影响。视个人的安舒享乐高于一切的利己之心，永远得不到真正的满足，也无法真心实意去爱别人。

"不喜欢不义"似乎与"不计算人的恶"这一爱的属性意义相似，但有所区别。如果说"不计算人的恶"，是指心里不怀任何恶念，那么"不喜欢不义"则是指对行为上呈现的某种不合理的事，既不喜欢，也不认同，更不同流合污。

比方说：见到富裕的朋友就心生嫉妒，总觉得对方在傲然炫示自己，心里很不舒服，嫉恨的情绪油然而生。"朋友活得这么神气风光，我这是算什么？""他要是倒闭该多好啊！"——甚至会闪现这种念头。这就是"计算人的恶"。如果说朋友因受人欺诈，红火的事业顷刻倒闭，就幸灾乐祸："发了财你就得意忘形，今天终于落得个这般下场，活该！"那么，这就是喜欢不义了。甚而与坏人坏事同流合污，沆瀣一气，便是喜欢不义之人的极端表现。

有民众公认的普遍性的不义，比如有的人不以诚实和勤勉为致富的门径，专以坑蒙拐骗或敲诈勒索为敛财的手段。为了贪取钱财，他们作奸犯科，不择手段。一个本该公正无私的法官，若收受贿赂，制造冤狱，陷害无辜，这是神人共愤的不义之举。也是滥用职权，贪赃枉法，谋财害命的行径。

另外，商人易货缺斤少两，或偷工减料，降低成本，骗取高额利润，这些都是明显的不义。他们只要有利可图，可以不择手段，完全不顾别人的利害与得失；明知何为正义，却昧着良心作损人利己之事。以欺骗的方式获取不义之财的，在我们周遭不乏其人。那么，我们能否敢说自己廉洁呢？

假如你是一名政府高官，有一天得知亲友靠非法手段敛取暴利。一旦被查处，必会受到严惩。可这位朋友用一笔数目相当可观的金钱贿赂你，求你睁一眼闭一眼置若无视，包庇他一段时间，并承诺事成之后必有厚报。恰恰自己家中面临某种危机，急需一笔款项，那么此时你会做出怎样的抉择呢？

另一个假设：有一天你发现自己账户余额多出一部分，原来是相关业务员操作失误导致税额没有结清，此时你会怎样处理这个问题呢？是否以为这是对方的失误所造成的，责不在己，感到庆幸呢？

历代志下19章7节说："现在你们应当敬畏耶和华，谨慎办事，因为耶和华我们的神没有不义，不偏待人，也不受贿赂。"神是公义的，在祂毫无不义。再说人能瞒得过人，却瞒不过神，故我们应当存着敬畏神的心，诚实为怀，正直为人。

论到亚伯拉罕，当住在所多玛城的侄儿罗得遭劫被掳时，他领家里精练壮丁前去杀败敌军，抢救侄儿罗得和所多玛众民，将他们被掳掠的财产全部夺回。所多玛王感激不尽，要把失而复得的财物全都归给亚伯拉罕以作酬谢，然而亚伯拉罕断然谢绝。

"我已经向天地的主、至高的神耶和华起誓, 凡是你的东西, 就是一根线、一根鞋带, 我都不拿, ……"（创世记14章22-23节）

在妻子撒拉去世后, 当赫人要白白相送一块地供他葬妻所用时, 他也决然推辞, 按实价买妥那地, 以免后世出现争议。这表明他为人正直, 毫无贪求不劳而获的惰性或贪图不义之财的邪心。

换了一个贪婪成性的人碰到这种境况, 一定财迷心窍, 不思长远, 只顾眼前。爱神并蒙神爱的人, 绝不加害于人。他们只求正当利益, 从不图谋非法牟利。喜欢不义的人, 既没有爱神的心, 也没有爱人的心。

在神看为不义的事

在主里面指的不义, 与普遍意义上的不义是有所区别的。除了违法或损人之事以外, 凡违背神言的一切罪都是不义。不义是心里的恶性以具体的形态呈现的罪行, 特指情欲的事。意即心里的仇恨、嫉妒等恶以纷争、暴力、欺诈、杀人等具体的罪行呈现。《圣经》申明不义的人不能承受神的国。

你们岂不知不义的人不能承受神的国吗? 不要自欺, 无论是淫乱的、拜偶像的、奸淫的、作娈童的、亲男色的、偷窃的、贪婪的、醉酒的、辱骂的、勒索的, 都不能承受神的国。（哥林多前书6章9-10节）

论到亚干，他是个因喜欢不义而遭致灭亡的典型人物。他身为出埃及的第二代人，从小看着神对他们民族所施行的大能长大。亲历神白天云柱，夜间火柱的引导，以及泛滥的约旦河水停流，坚固的耶利哥城骤然塌陷的神迹。当时以色列民的领袖约书亚严禁众民擅取耶利哥城的战利品，因为那是要献祭归神为圣的供物。这一点亚干也清楚知道。

然而当他看见从耶利哥城所夺的财物时，就起了贪心，丧失了理性。对一个长久经受旷野的流离，触目皆是一望无际的戈壁荒漠，日日面对枯燥单调之生活的人来说，城中的财物简直令他眼花缭乱。看见美好的衣服、闪耀的金银，他就财迷心窍，将神的禁令、约书亚的吩咐置之度外，将其偷取窝藏了起来。

因着亚干悖逆神的罪，以色列在下一个战役中遭到惨败，多人伤亡。以据此事，亚干的不义行径公之于众，他和整个家眷被众人乱石击杀。众人在亚干身上堆成一大堆石头。此地便是亚割谷，成为咒诅的象征。

论到民数记22章至24章所记载的巴兰，他是一个与神相交的人。有一天摩押王巴勒求他咒诅神的选民以色列。神对巴兰说："你不可同他们去，也不可咒诅那民，因为那民是蒙福的。"（民数记22章12节）

领受神指示的巴兰起初回绝摩押王的请求。但摩押王进一步用金银财宝贿赂他时，他却不胜引诱，财迷心窍，将败坏以色列民的诡计密告摩押王。以色列百姓中了圈套，在偶像坛前吃喝淫乐，以至遭受大灾，巴兰后来也死于刀下。这就是喜欢不义之人的结局，就是得了不义的工价。

信神的人行不义，会直接影响到得救的问题。看见神的儿女行不义的事，与不信的人无异，我们应当怎么办呢？理所应当要为之哀恸，用爱心为他祷告，勉励他遵行神的道。然而有的人却不这样，他们羡慕不义之人，反学他们妥协的样式，信仰生活松懈懒散。甚者与不义的人放浪混迹，沦为一丘之貉。这等人口称爱主，显然是虚假的。

毫无罪恶的耶稣，代替不义的我们受死在十字架上，为的是要将我们引到圣洁的神面前（彼得前书3章18节）。我们既已领悟了这一大爱，那么绝不能再度迷恋不义。不喜欢不义的人，不只停留在不行非义的水准，还会活出神真理之道。对这样的人，主作他知心的朋友，作他随时的帮助，使他凡事亨通，凡事顺利（约翰福音15章14节）。

十一、爱是喜欢真理

耶稣的十二门徒中，唯独使徒约翰没有殉道，直至寿终，留在世上将耶稣基督福音的奥秘和神奇妙的旨意传与众人。他晚年最大的喜乐就是听到圣徒们按神真理的话语而行的消息。

> 有弟兄来证明你心里存的真理，正如你按真理而行，我就甚喜乐。我听见我的儿女们按真理而行，我的喜乐就没有比这个大的。（约翰三书1章3-4节）

他说"我的喜乐就没有比这个大的"，从中可以得知他爱的境界之高深。这一告白与他曾经火爆的性格和"雷子"的绰号形成极大反差，反映出他蒙主造就，活出新的生命，得称为"爱的使徒"的整个生命历程。

爱神的人，喜欢真理，非但不行不义，还会活出真理。爱是喜欢真理的积极表现。真理是指耶稣基督，亦指福音，乃至神在《圣经》66卷书中的言语。爱神又蒙神爱的人必然以耶稣基督为乐，因福音的大能、因神国的兴旺而欢喜快乐。那么喜欢真理具体指的是什么呢？

其一，喜欢福音。

福音就是我们因信耶稣，蒙恩得救，承受天国的喜讯。古往今来有许多人渴求真理。"人生的目的何在？何谓真正有价值的人生？"为了获解人生命之奥秘，人们研究哲理，探求真道，试图从

111

各种宗教教义中获知真理的实意。然而，真理本于耶稣基督，若不藉着耶稣基督，无人能进天国。

> 我就是道路、真理、生命，若不藉着我，没有人能到父那里去。（约翰福音14章6节）

我们因接待耶稣基督，获得救恩，进入永生。因主宝血的功效，罪得赦免，得进天国，免受地狱之苦。我们既已得知人生的目的，得以活出人生的价值，喜欢福音是理所当然的。喜欢福音的人必会殷勤传扬福音；尽忠于主所托付的使命，致力于耶稣基督福音的事工。并且认识神的旨意，因众人听信福音，接待恩主，蒙恩得救而欢欣喜悦。

> 他愿意万人得救，明白真道。（提摩太前书2章4节）

然而有这样一群人，别人传道，领人归主，多结果子就嫉恨难耐。还有的教会嫉妒别的教会复兴，彰显神的荣耀。喜欢真理的人是不会心存这种恶念的。人若心存属灵的爱，必因神国的兴旺而欢喜。看见对主的热心比我大，成果比我显著的人，就会由衷地庆幸感恩，好像自己得了荣誉一样。看见别的教会复兴，蒙神的爱和祝福，就一同欢喜快乐。这就是喜欢福音的表现，是属灵真爱的体现。

其二，喜欢属真理的一切。

就是喜欢观看、听闻、遵行那良善、仁爱、公义等一切属真理的事。喜欢真理的人看见小小的善举也会欢悦和感动。而且总觉神的道比蜜甘甜，以殷勤听道，读经，行道为乐。面对无故刁难的人，他们也遵着神的吩咐以服侍、理解、宽容来应对。

大卫爱神，切愿亲手为神建造圣殿，然而神不准许。其原因记录在历代志上28章3节——"你不可为我的名建造殿宇，因你是战士，流了人的血。"杀伤虽为战事上不可避免的事，但神认为这对建殿不利。

大卫虽未能如愿亲手建殿，但他趁自己在位之时预备各种建材，为儿子所罗门建殿打好基础。他与臣民百姓同心合意倾心尽力预备建殿的资材，感动满怀，喜乐无比。

因这些人诚心乐意献给耶和华，百姓就欢喜，大卫王也大大欢喜。（历代志上29章9节）

就这样，喜欢真理的人，庆幸别人的兴旺，不会嫉贤妒能，更不会巴望别人倒霉。看见非义之事，他们深感哀恸。喜欢真理的人又喜爱良善，追求不变、诚实、正直的情怀；爱说恩言，专行善事。神看见这样的儿女，定然喜不自胜。

耶和华你的神是施行拯救、大有能力的主。他在你中间必因你欢欣喜乐，默然爱你，且因你喜乐而欢呼。（西番雅书3章17节）

即使查出自己在某些方面尚还不能以真理为乐，我们也不必灰心沮丧，因为慈爱的神把我们所做的努力看作是喜欢真理的表现。

其三，信道并努力行道。

很少有人起初就单单以遵行真理为乐。人心中还残留黑暗和非真理的时候，有时会产生恶念，或留恋不义的事。然而按真理而行，除净心里的非真理而成为圣洁，便能专以遵行真理为乐。为了达到这一境界，我们必须要付出殷勤的努力。

例如：并非所有人都以敬拜神为乐。刚到教会的初信徒，因为尚不明白真理，所以敬拜时会觉得困乏，或心不在焉。时而满心思忖职业棒球决赛的结果，时而为次日召开的重要会议感到焦虑。

不过到神的殿里拜神的行为，是努力遵行神道的表现，亦即喜欢真理的表现。人之所以做出这种努力，是为了得到救恩，承受神的国。因听了神真理的话语，心里相信有神，所以相信有天国和地狱。也知道人在天国所得的赏赐各有分别，从而努力弃罪成圣，为主竭诚尽忠。即使还不能完全喜欢真理，但按着自己信心的大小尽心尽力追求真道，这就是喜欢真理的明证。

对真理如饥似渴必蒙祝福

我们理所应当要喜欢真理。因为唯独真理方能更新我们。我们听信真理的福音，并遵行真理，活出真道，就可以获得永生，成为神完全无可指摘的儿女。心中充满天国的盼望和属灵的真爱，自然喜形于色，容光焕发。人用真理更新自己，自然深得神人喜爱，快乐无比。

我们不仅喜欢真理，更当对真理如饥似渴。饥渴的人定然寻求饮食，对真理的爱慕之心也当如此迫切，方能快速得到改变。我们应当常以真理为食为饮，为生命之本。"以真理为食为饮"，意指殷勤学习神的道，并谨守遵行。

有一个人因爱慕神言，喜欢读经，惊奇地发现了丰富的石油储藏地。当他读到出埃及记2章3节"就取了一个蒲草箱，抹上石漆和石油（注：NIV 新国际译本为with tar and pitch：抹上焦油和沥青）"的时候，得知pitch（沥青）就是石油的一种。后来他派遣地质专家和勘探队到当地找到了大油田，一跃发展成世界级的原油公司。《圣经》中储藏着许多比这更有价值的财宝，包括对人生难题的解答、蒙神赐福的秘诀；获得救恩永生的路径等等。《圣经》犹如巨大的宝藏，凡亲近神言，活出真道的人，必蒙丰盛的祝福。

面见心爱的人，难掩欣喜之容。我们现在虽然不能得见神的面，但若真正爱神，自然会流露爱的见证。真理，就是目见耳闻也是欢欣愉悦，别人会说"这人活得真幸福"。而且一想到父神和恩主就感恩涌现，眼眶湿润，看见小小的善举也会感动满怀，潸然泪下。

在信仰历程中所流的一切出于善心的泪，包括因着主恩所流的感恩之泪、为灵魂所流的哀恸之泪，将来均要化作璀璨的宝石，用来修饰各人天国的居所。愿各位读者单单喜爱神的真理，生命中满有蒙神所爱的见证。

爱的特征 II

爱就完全了律法

十二、爱是凡事包容

我们初信耶稣基督，努力遵行神道时，会碰到很多需要忍耐的事情。生气恼火也要忍耐，意欲冲动也要克制。正由于如此，《圣经》论到爱的概念时把"恒久忍耐"列为头条。恒久忍耐指的是为胜过试炼离弃非真理，即为克服自己老我所作的功夫。经过恒久忍耐，我们可以用真理造就己心。凡事包容就是本着这一真理的心去忍耐因他人所致而要承受的一切苦痛。也就是忍耐和包容与属灵的爱相悖的一切事。

为了拯救罪人降世为人的耶稣是以怎样的情怀相待世人呢？耶稣虽单单行善，人们却对祂蔑视和嘲弄，最终把祂钉在十字架上。本为真理的耶稣，就是对这样的恶人也默然忍受和包容，甚至为他们做中保祷告：

"父啊，赦免他们！因为他们所作的，他们不晓得。"（路加福音23章34节）

耶稣凡事忍耐凡事包容的结果是什么呢？凡接待耶稣为救主的人都蒙恩得救，获得神儿女的资格；脱离死亡进入永生。有一成语叫"磨杵成针"，比喻只要有毅力，下苦功，再难的事也能做成功。铁杵磨成针，需要付出多少时间和努力！或许有人说"与其下许多苦功，不如卖斧头换一撮针。"因为这似乎是未可置信的艰苦劳作。

有一位不惜付出这种代价来爱我们的，就是我们灵魂的主宰——在天的父神。神爱我们，恒久忍耐，不轻易发怒，满有怜恤和恩慈。即使是铁石心肠的人，祂也不肯丢弃，反要不断地加以磨练和造就，哪怕是连0.000001%的可能性都不存在的人，祂也不肯放弃，恒久忍耐和等候，直至他更新变化为真正的儿女。

压伤的芦苇，他不折断；将残的灯火，他不吹灭。等他施行公理，叫公理得胜，（马太福音12章20节）

如今神同样甘心忍受一切的苦痛，对我们忍耐到底。数千年来人类肆无忌惮地犯罪作恶，神依然盼望和等候人类改邪归正，弃恶从善，就是针对那些悖逆不道，迷拜偶像，行可憎之事的人们，神也一次又一次地向他们显明祂自己独一真神的凭据，一如既往地对他们忍耐和等候。"你心充满了不义，已是毫无希望，我的忍耐已到了极限！"——神若是采取这种态度，这世界上能有几个人得救呢？

我以永远的爱爱你，因此我以慈爱吸引你。（耶利米书31章3节）

永远的爱，也就是无穷的爱。神就是以这种无止尽的无条件的爱来引导我们走完天路历程。

我自开拓教会至今，为神的国效力的过程中，对神这般情怀略

爱就完全了律法

得几分体悟。因此就是面对那些信心软弱，性情乖戾的人也能用信心的眼光期待他，并寄望他总有一天会改变，荣耀神的名；直到他们彻底更新和改变，给他们传授圣洁的福音，带着迫切的盼望，不住地为他们祷告。这样凭着信心和盼望，坚持忍耐和等候的结果，是许多圣徒如今心意更新而变化，成长为合主使用的工人。

每当经历此事，我都觉得为他们所忍耐的长久的岁月仿佛只在眨眼之间。使我能够理解彼得后书3章8节所说"亲爱的弟兄啊，有一件事你们不可忘记，就是主看一日如千年，千年如一日"这一圣言的蕴义。神在人所无可承受的忍耐和包容中度过了漫长的岁月，却把这一漫长的岁月看得极为短暂，乃是因爱我们的缘故。我们也当领悟神这般慈心恩怀，用神的爱去关爱我们周边的人。

论爱的篇章

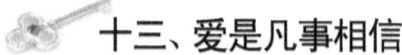

十三、爱是凡事相信

真正爱一个人就会相信他的一切。即使对方有所欠缺，也愿意把信心寄托在他的身上。信就是爱的凭据。夫妻关系是建立在爱的基础上的。没有爱的夫妻，缺少彼此间的信任，互相猜疑，处处较劲，事事争吵。甚者患上嫉妒妄想症（又称不贞妄想症，包括疑妻症和疑夫症），给配偶带来精神上和肉体上的痛苦。真正的爱是建立在彼此绝对信任的基础上，即使对方有所缺欠和不足也会信任到底——"他是个好人，一定会干得出色！"照此信心，对方真会成为一名出色的人、成功的人。

信是衡量爱之分量的标准，因此全然信神等于是全然爱神。信心之父亚伯拉罕得称为神的朋友。他对神献独子以撒的命令做出毫不犹豫的顺从。因为他坚信神是可以叫死人复活的神。神凭着亚伯拉罕的信心，称许他对神的爱是真诚的爱。

爱是以信为本的。全然爱神的人必全然信神的话。因为凡事相信，所以能够凡事忍耐。为了忍受与属灵的爱相悖的一切，必须要有信心。也就是说当你相信神一切话语的时候，才能做到凡事盼望，殷勤作成心里的割礼，除净与爱相悖的一切。

严格地说，我们起初信神，并非由于爱神的缘故。乃是神先向我们显明祂的大爱，后来我们得知此事，才开始爱神。神到底怎样爱我们呢？当我们作罪人的时候，神不惜赐下独生爱子为我们舍命，给我们开辟了一条救恩的道路。

我们起初信神是因为相信这一事实，也可以说是"因信而爱"，但我们若在属灵的爱中得以完全，就可以达到"因爱而信"的境界。"在属灵的爱中得以完全"意味着除净了心里的非真理。心里没有非真理，就可以领受上头来的属灵信心，这信乃是发自内心的真诚的信心。到了这一境界，人对神的道没有丝毫的疑惑，信心也没有丝毫的摇摆。属灵的爱完全成形在心里的人，可以对所有的人寄托信心，并非因其诚实可信。别人虽有很多缺欠和不足，也会把信心和盼望寄托在他们身上。

我们也当具备这般襟怀，无论对何人都要以信为盼。对自己更当如此。自己虽然仍有缺欠，但要信靠神的大能，盼望自己更新变化。住在我们里面的圣灵时常勉励我们说："你定能做到，由我帮助你！"我们若相信那爱，并坦然宣告："我定能做到，必能改变！"神必照着我们的信心成全我们。由此看来，凡事相信是何等佳美的事呀！

神也相信我们人类，祂相信我们每个人都会认识神的大爱，领受救恩，走上天路历程。祂因着信，不惜将自己的独生爱子交给人钉十字架。神也相信那些还未认识为他们舍命之主的人，总有一天会蒙恩得救，归入祂的怀抱。祂相信因信得救的众子会模成祂圣洁的形像，成为祂真正的儿女。希望各位读者也能拥有这般爱心，无论对何人都能用信心的眼目寄托希望。

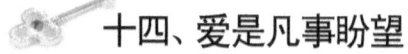

十四、爱是凡事盼望

在威斯敏斯特教堂旁边，矗立着一块墓碑，上面刻着非常著名的一段话："当我年轻的时候，我梦想改变这个世界；当我成熟以后，我发现我不能够改变这个世界，我将目光缩短了些，决定只改变我的国家；当我进入暮年以后，我发现我不能够改变我们的国家，我的最后愿望仅仅是改变一下我的家庭，但是，这也不可能。当我现在躺在床上，行将就木时，我突然意识到：如果一开始我仅仅去改变我自己，然后，我可能改变我的家庭；在家人的帮助和鼓励下，我可能为国家做一些事情；然后，谁知道呢？我甚至可能改变这个世界。"

当别人不合自己心意时，人们往往试图照自己的标准去指正对方。但人改变别人的可能性几近为零。夫妻吵架很多时候都是围绕一些琐碎的生活习惯问题，甚至涉及到挤牙膏的问题——从上面挤还是从下面挤。你要改变别人，必须先改变自己。同时带着爱心盼望和期待别人更新。

凡事盼望是指恒久期盼和等候直至所信的实现。爱神的人信神的道并且盼望照其实现。他们一心向往将来在荣美的天国同神永享真爱的美景，凡事盼望，凡事忍耐，一心追赶。人若没有凡事盼望的心志，将会如何呢？

不信神的人不会盼望幸福美好的天国。他们只图今生奢华宴乐，不求来世永生美福，放纵私欲，苟且偷生。他们唯利是图，贪得无厌，争名夺利，损人利己。然而就算应有尽有，阔绰有余，也不会有真正的满足。对于未来一片茫然，在不安和恐惧中度日。

然而神的儿女不是这样，他们以信为本，凡事盼望，甘心进窄门走窄道。为何称作窄道呢？这是在不认识神，没有信仰之人的角度上讲的。我们自从委身于耶稣基督，具备神儿女的身份开始，远离尘世宴乐，追求真理生命，恒心不住地祷告，参加主日敬拜，殷勤为主事奉，为神的国效忠，竭力活出主道。若是没有信心，这是很难做到的，故称窄道。

使徒保罗曾说过："我们若靠基督只在今生有指望，就算比众人更可怜。"（哥林多前书15章19节）按肉体看，神的儿女诸事都有节制，为神的国奔波忙碌，显得十分辛苦。然而这是无比幸福的道路。人们常说："只要有心爱的人同在，即使竹篱茅舍也是天堂。"更何况在无比荣美的天国与心爱的恩主永享爱与被爱的幸福，将是何等的感动，何等的快乐呢？真爱是恒久不变地期待和盼望，直到所信的一切成为现实。

因信凡事盼望具有极大的威力。比如家里有经常惹事生非，不爱学习的孩子，父母若是依然用信心的眼光期待和寄望孩子更新的面貌和美好的前途，这孩子将来定会变成品学兼优的孩子。就是父母的信心激发了孩子的发展潜力，增强了孩子的自信感。有高度自信感的孩子具有很强的自立能力，能够独立处理问题，这种心理作用对提高学习成绩产生直接的影响。

在牧养工作上也是如此。无论在何种状况下都不能对人持有否定的态度。"这个人改变的希望很渺茫。"或"过了这么多年怎么还是老样子？"这种失望的心态是不可取的。应当用神的爱恒心期盼对方改变。

十五、爱是凡事忍耐

　　哥林多前书13章7节说："（爱是）凡事包容，凡事相信，凡事盼望，凡事忍耐。"这里说爱是"凡事忍耐"。当你包容违背灵爱的一切时，需要付出忍耐的代价。如同大浪过后还有小浪、余波，当你在凡事上包容的时候，或会遇到试探，或会经受心里的苦痛。

　　例如经上吩咐我们说"只是我告诉你们：不要与恶人作对。有人打你的右脸，连左脸也转过来由他打"（马太福音5章39节）。当你照此神言不与恶人作对，默然忍受，此时难免心里感伤，但各人感伤的缘由不尽相同，有的因委屈和窝囊；有的因自己惹人生气而感到愧疚；有的因怜悯那不胜愤恨而动怒的弟兄。

　　为包容所付出的忍耐的代价不止于此。别人打右脸的时候，带着包容的心就把左脸也转过来由他打，不料对方更加狠劲地打你的左脸。顺从神言慷慨包容，非但情势没有好转，反而处境更加窘迫。但以理的遭遇就是如此，但以理明知自己求神祷告就会被丢进狮子坑中。但他依然照常不住地祷告谢恩。他因着爱神，面对死亡的威胁也毫不妥协。对那些嫉恨填膺企图谋害他的奸佞之辈，也没有以恶相报。但以理实在是遵照神言以宽仁为怀，慷慨包容，那么情势是否幡然转好了呢？恰恰相反，他被丢进饥饿吼叫的狮子坑中。

　　既然照着神的旨意宽仁为怀，慷慨包容，试探理当即刻退去，但为何还要经受这般熬炼呢？这是神的美意，旨在造就我们成就完全，赐下更大的祝福。如同饱经风吹雨浇日晒的庄稼结出籽粒饱满的穗子，我们也通过忍耐的过程，方能成为"籽粒饱满的麦子"。

经过熬炼，成为神的真儿女，这就是神耕作人类的旨意。

熬炼就是祝福

仇敌魔鬼、撒但以浑身解数来搅扰和拦阻神的儿女遵行光明善道；虎视眈眈要抓住把柄进行控告，分毫的瑕疵、玷污都不会放过。例如一个人面对行恶的人表面上显得宽容，但心里依旧抱着负面情绪——"真可恶！不可理喻！"仇敌魔鬼、撒但对此了如指掌，定会立刻进行控告，这人从此便卷入了试炼；直至除净心里的恶，得到神的称许，需要经历大大小小的信心的考验。当然毫无邪恶的人也会经受熬炼。但这是旨在赐福的熬炼，是要叫人超出心里无恶的水准，进入至爱和全善的境界。

这一原理非但关涉到个人的祝福，也关涉到成就神国的事。为了彰显神大能的作为，必须要充足相应公义的要求。唯独在很大程度上显出信心和爱心，证明自己已具备配蒙应允的器皿，才能使魔鬼、撒但找不到控告的把柄。

正是由于这个原因，神时而使我们历经风霜，忍受试炼。我们只要本着善与爱去忍受，必然得胜有余，荣耀归于父神。尤其凭着信心胜过因主名的缘故而受的无辜的逼迫和苦难，必蒙相应的祝福。

"人若因我辱骂你们，逼迫你们，捏造各样坏话毁谤你们，你们就有福了。应当欢喜快乐，因为你们在天上的赏赐是大的。在你们以前的先知，人也是这样逼迫他们。"（马太福音5章11-12节）

如何凡事包容、相信、盼望、忍耐

我们若本着爱神的心在真理里面凡事包容，凡事相信，凡事盼望，就能够忍耐任何一种试炼。那么，具体怎样行才是活出凡事相信，凡事盼望的境界呢？

第一，在试炼中也当坚信神的爱。

彼得前书1章7节说："叫你们的信心既被试验，就比那被火试验仍然能坏的金子更显宝贵，可以在耶稣基督显现的时候，得着称赞、荣耀、尊贵。"神允准我们受熬炼的目的就是叫我们在走完这地上的生命历程时，能够得着称赞、荣耀、尊贵。

当你不与世俗妥协，力行神的圣言时，难免有时无辜承受苦难。每当此时你都要相信神在分外地关爱你保守你，这样，你所面临的一切逆境便会化作感谢的因素。领会到这是神为了将你领入更美的天国而允准的熬炼，反而令你感慨万千。我们要相信这一慈爱，而且要相信到底。接受信心的考验时，你也许会承受伤痛。

这伤痛经久不息的时候，或许闪现"神真的爱我吗？"此时你应当更加坚信神的爱，并且铭刻在心，忍耐到底。就是坚信神永远爱你，必会把你领进那更美的天国。我们坚信神的爱，并忍耐到底，必然成为完全人。

但忍耐也当成功，使你们成全完备，毫无缺欠。（雅各书1章4节）

第二，相信试炼是得着盼望的捷径。

正如罗马书5章3-4节记载："不但如此，就是在患难中也是欢欢喜喜的。因为知道患难生忍耐，忍耐生老练，老练生盼望，"试炼是得着盼望的捷径。有时或许会觉得有些茫然——"我何时才能改变？"但要知道精美璀璨的宝石无一不是精雕细琢而成的，欢喜忍受试炼，心意更新而变化，一天新似一天，最终必能模成神的形像，成为神真正的儿女。

故我们应当竭力胜过试炼。不要随从人意寻求便捷的路径，逃避当受的熬炼，这样只能耽误你的灵程。如果身边有个事事找你茬口，处处与你作对的人，你会怎么办？或许你表面上显得若无其事不加计较，但一见到那人心里就不舒服。此时不应该回避问题，应当积极地应对。面对问题，可能感到吃力，但要坚持忍耐，并要改换心志，诚然予以理解和宽容。这样，神必施恩与你，帮助你得到更新和变化。总之，熬炼过程中的每个细节，都将成为成就盼望的垫脚石。

第三，在诸事上做到忍耐当要单单行善。

虽然照神话语凡事忍耐，但状况仍没有改变，人们往往会向神口发怨言，宣泄不平。按肉体看，试探患难似乎是缘于人为或环境的因素，但从属灵的视角看却不是这样。一切考验信心的试炼都是来自仇敌魔鬼、撒但。也就是说试探、患难是善与恶的争战。

若想在这种灵战中取胜，必须要遵循灵界的法则。这灵界的法则就是"以善胜恶"。罗马书12章21节说："你不可为恶所胜，反要以善胜恶。"当人行善的时候，起初看似受亏损，但结局是必然的——善终为胜者。因为人类的生死祸福是由公义的神来掌控的。

因此，当试探、患难临到时，更当竭力行善。

教会圣徒中偶有受家人逼迫的。"我的丈夫（妻子）怎会这么恶呢？"此时若是心存这种念头，他则必然多受熬炼。那么，如何才是属善的举措呢？当用爱心为对方祷告，在主里面诚然服侍，发出基督的真光，照亮自己的家庭。只要坚持行善，不可丧志，到了时候，神必在最佳时机，赐下最上好的福分。击退仇敌魔鬼、撒但，扭转人的心态。就这样，当我们遵循神的法则，力行善义的时候，一切问题就必得以化解。在属灵的争战中，最强大的武器就是神的良善，而非人的力量或智谋。故我们无论面对怎样的试炼，都要单单行善，凡事忍耐。

"与这人相处甚难！真是考验我的耐力。"——你是否依然针对某人有这种感受？我们周遭有各式各样的人——有的专行损人之事，时常伤害别人；有的爱发牢骚，易闹情绪；有的目中无人，专横霸道，不可理喻……然而，我们若是用真爱造就己心，就没有难以忍耐的人。就如马太福音22章39节所说"其次也相仿，就是要爱人如己"，活出爱人如己的境界，故能凡事理解，凡事包容。

神就是用这种爱来理解和忍耐我们每一个人。就像蛤蚌柔抱钻入体内的刺激物，反而得获晶莹剔透的珍珠一样，我们也当带着信心和盼望去忍耐打造爱心的过程中所要承受的一切伤痛。以至将我们的爱心提升到属灵真爱的最高境界，将来得以通过珍珠门，进入神宝座所在的新耶路撒冷。

想象一下当你经过珍珠门，回想人间往事的情形。在艰难试炼的每一个关头，父神赐我们得胜的力量，为我们打造了晶莹珍珠般善美的心灵——追忆着父所赐的宏恩大爱，我们定然感慨地表白：
"父啊，感谢您为我凡事忍耐，凡事相信，凡事盼望！"

爱的特性 Ⅲ

完全的爱

爱是永不止息。

先知讲道之能终必归于无有，

说方言之能终必停止，知识也终必归于无有。

我们现在所知道的有限，先知所讲的也有限，

……我如今所知道的有限，到那时就全知道，

如同主知道我一样。

如今常存的有信，有望，有爱；

这三样，其中最大的是爱。

（哥林多前书13章8-13节）

假如去天国的时候，只允许你带一样自己最珍贵的，那么你会选择什么呢？是重价的黄金？钻石？还是金钱？在天上这些都将一无所用。因为那里连脚下的路都是精金。神在天国里为我们所预备的都是极美至贵的，无不令我们称心如意，因为神知道我们的需要。但有一样价值永存的珍宝我们可以带进天国，那就是我们在地上的岁月里所打造的爱心。

在天国里爱是必不可少的

将来我们进入天国，属世的一切，亦即属肉的一切都必化为乌有（启示录21章1节）。凡一切注定腐朽变质的都是属肉的。正如诗篇103篇15节所说"至于世人，他的年日如草一样。他发旺如野地的花"，世间的功名利禄，凡一切属肉的都必败坏变质，化为乌有。仇恨、争竞、忌恨、嫉妒等罪与黑暗也必永归无有。

> 爱是永不止息。先知讲道之能终必归于无有，说方言之能终必停止，知识也终必归于无有。我们现在所知道的有限，先知所讲的也有限，等那完全的来到，这有限的必归于无有了。（哥林多前书13章8-10节）

预言（先知讲道之能）、方言，以及认识神的知识都是属灵的，却为何说都要归于无有呢？答案很简单。天国是属灵的世界，是完美无缺的地方。我们即使在世具备预言之能，所知道的仍是有限的，无法与将来在天上所知所悟的境界相比。届时我们可以参透神

论爱的篇章

和主的心怀，便不需要预言之能。

方言也不例外。现今人们所使用的语言，按着国家，种族，地区的不同而各异。要与其他种族沟通，必须要学会他们的语言。而且文化的差异也给彼此的情感和思想的交流带来阻力，若要克服这些隔阂，需要付出艰辛的努力。即使是同属一种文化，同用一种语言的人之间，也很难参透对方的心思意念。就是能言善辩，脱口成章的人也很难百分之百传达自己的心意，反而往往引发误解和争端。

到了天国就无需这种顾虑了。因为通用一种语言，不必担心听不懂；因为清晰感知彼此的善心，故不会产生误解或偏见。

知识也一样。这里知识是指认识神道的知识。我们在地上的时候殷勤学习神的道。通过《圣经》66卷书中的神言，领会神奇妙的旨意，并获知得救的蹊径、永生的奥秘等真理，但我们所知的只不过微乎其微，仅仅是为进天国所需的知识而已。例如：在世我们为了离弃仇恨、嫉妒等罪恶，竭力遵行神要我们"彼此相爱"、"不可嫉妒"的教导。然而在天国里只有仁爱，故不需要这些知识。预言、方言、知识虽都是属灵的，但这只是我们为了进天国而暂时所需装备的，终必归于无有。

由此可见，我们了解天国固然重要，但成就爱心更是关键。因为离弃罪恶，作成心里的割礼，造就属灵的爱心，我们就可以进入更美的天国。

爱是价值永存的

想想初恋时的光景，何等幸福！一个成语叫作爱屋及乌，意思是"因为爱一个人而连带爱与他有关的人或物"。的确！真心爱一个人，只关注对方的优点，他（她）的一切都显得那么可爱；阳光似乎格外和煦明媚，空气仿佛分外清新芬芳。试验结果表明：沐浴爱河的人，其大脑中生发消极思考和负面情绪的系统处于疲软的状态。心里充满神的爱，喜乐泉涌，幸福洋溢，身心饱满。在天国里，我们将永世得享这种无与伦比的喜乐。

与天国的生命相比，这地上的生命宛如童稚懵懂。开始咿呀学语的孩子比较容易学会"爸爸"、"妈妈"等简单的单词，但对复杂的词句则很费解，对成人的精神世界更是一无所知。其言行举止也只局限于年龄相仿的知识与能力。尚未具备对金钱的价值概念的孩子，往往伸手索取一元铜币而不屑百元纸币。因为在他们的印象中一元铜币可以买根雪糕，或些许糖果，而纸币则形同废纸。

这堪比我们在世的生命中对天国的认知和领悟之深度；虽笼统地知道天国是荣美之地，但并不深知其富丽堂皇和荣耀光辉的奇妙，这些都不是这地上的辞藻所能完美形容的。天国里不存在极限，可以把美无限地表现出来。将来到达天国，我们可以悟透神秘无穷灵界的奥秘及其运行原理。

我作孩子的时候，话语像孩子，心思像孩子，意念像孩子；既成了人，就把孩子的事丢弃了。（哥林多前书13章11节）

133

天上没有黑暗，也没有忧虑、愁苦，只有良善和仁爱，可以尽情地得享爱与被爱，服侍与被服侍的幸福欢乐。属肉的世界和属灵的世界就是如此泾渭分明。当然，在地上按照各人信心的大小，所思所悟所言所行会呈现差异。

约翰一书第2章里，将人信心的水准比作小子、少年人和父老。小子的信心水准体现在尚未悟透深奥的属灵之道，并缺少行道的能力。进而长成少年人的信心水准，甚而达到父老的信仰境界，思想和言行将会判然有别。感悟神爱，领悟神道的水准也大大提升。行道的能力增强，胜过黑暗权势。然而纵使在世具备了父老的信心，却因不能超脱属肉空间的限制，与天国的光景相比，其灵性程度仍然仿佛孩子的状态。

爱是真实可见的

孩提时代是成年人格的预备过程，照样，这地上的生命历程就是对永恒生命的预备过程。与永恒的天国相比，这世界如同空虚的影儿，转瞬即逝。影儿是虚像，是实体的投影，到暗处便消失无影。

> 我们在你面前是客旅、是寄居的，与我们列祖一样。我们在世的日子如影儿，不能长存（或作"没有长存的指望"）。（历代志上29章15节）

依着投影可以大概揣摩实体真像。这有限的世界也是永恒世界的投影，藉着可以依稀了解神国的情形。这地上如虚影般的生命一旦结束，其实体真像——天国必将清晰显明。我们现在认知属灵的世界"仿佛对着镜子观看，模糊不清"，但到了天国就如面对着面，清晰了然。

> 我们如今仿佛对着镜子观看，模糊不清（"模糊不清"原文作"如同猜谜"），到那时，就要面对面了。我如今所知道的有限，到那时就全知道，如同主知道我一样。（哥林多前书13章12节）

使徒保罗记录这一爱的篇章是在大约两千年前。当时的镜子是用银、铜、铁等金属板打磨开光而成的，清晰度自然不比今天的玻璃明镜，故称"模糊不清"。当然也有在世开了灵眼，清楚看见或感悟天国情形的人。但若同亲眼所见相比，依然还是不够清晰。

将来到了天国，那里的一切将了然于目，纤毫毕现。在体悟中感受那里的景致，得以参透一切属灵的奥秘。对本为灵的神也获得真实的感悟——"原来神是如此伟大！祂的荣美实在无以形容！"

信望爱中爱为最大

信、望、爱是我们灵命长进的关键因素。有信才能作神的儿女，并且获得救恩，承受天国。信堪称宝中之宝，给人带来救恩、永生和天国。信又是我们所求蒙允的钥匙。那么盼望呢？有了盼望才会努力进入更美的天国。有信必有望，信神且信有天国和地狱的人，必然追求向往天国的美福。

有了盼望还会竭力弃罪成圣，忠心为主作工。可见信心和盼望是我们得进天国不可或缺的要素。可是哥林多前书13章13节说："如今常存的有信，有望，有爱；这三样，其中最大的是爱。"原因是什么呢？

第一，信心和盼望仅为耕作人类所需，唯独属灵的爱在天上永远长存。

到了天国看见了天国的荣景，就无所谓信不信了，信的本质就是相信那没有看见的。论到盼望也是同一个理。比方说你有心爱的人，离别一周之后相见，和离别十年之后意外地重逢，感激和欢悦的程度必定大相径庭。与十年朝思暮想的人重逢得以长相厮守，就不再有什么思念和期盼了。

我们对神的关系也是如此。真诚信神并爱神的人，随着岁月的流逝，信心的长进，对天国的盼望越发加深，对主的思念更加深切。凡向往天国的人，甘心进窄门走窄道，从不叫苦喊累，心志坚定，不偏左右，不入迷惑。然而到达最终目的地天国，就不再需要信心和盼望。但爱是依然延伸到天国，永世长存，故称爱是最大的。

第二，因着信可以进入天国，但没有爱就不能进入至美的居所——新耶路撒冷。

我们在世本着信心和盼望活出真理的程度将决定将来在天国所要得享的尊荣。遵照神的吩咐离弃罪恶，打造善美的心灵，就会得到相称的属灵信心，这属灵信心的程度将决定我们在天的永居之所，包括第一层天国、第二层天国、第三层天国、新耶路撒冷。

乐园是神为那些因接待耶稣基督，仅仅获得可蒙救恩之信心的人所预备的地方。他们未曾为神的国效力。第一层天国是努力遵行神道的人进入的地方，比乐园更美。第二层天国是神为诚然爱神，遵行神道，为神国效忠的人所安排的居所。第三层天国是以爱神为至上，除净一切罪恶，成为圣洁的人进入的地方。最后新耶路撒冷是神为具备充足的信心，得神的喜悦，在神的全家尽忠的人所预备的至美的圣城（参照《天国（上、下）》）。

　　新耶路撒冷是神为那些凭着信心在爱中建立自己，得以完全之人所预备的极其荣美的居所，是神爱的结晶。新耶路撒冷本是除了神子耶稣基督以外无人配得进入。然而，我们这些上帝的所造只要依靠耶稣基督十架宝血的功效，因信称义，具备充足的信心，就可获得进新耶路撒冷的资格。

　　我们唯独模成主的形像方能得进新耶路撒冷。为此必须跟随主的足迹，行走爱的道路。有了爱，才能结满圣灵的九种果子，成就八福，模成主的形像，成为真正意义上的神的儿子。具备神儿子的资格，在地所求都蒙成全，在天永世蒙主同行。总而言之，我们有信才能进天国，有望才能弃罪成圣，信心和盼望均不可或缺，但有了完全的爱，方能得进新耶路撒冷，故称信、望、爱这三样中爱是最大的。

凡事都不可亏欠人，

惟有彼此相爱，要常以为亏欠，

因为爱人的就完全了律法。

……爱是不加害于人的，

所以爱就完全了律法。

（罗马书13章8-10节）

第三部

爱就完全了律法

LOVE IS THE FULFILLMENT OF THE LAW

神的爱

神爱我们的心，我们也知道、也信。

神就是爱，住在爱里面的，就是住在神里面，

神也住在他里面。（约翰一书4章16节）

1956年，风华正茂的年轻宣教士吉姆·艾略特和四名同工为了传福音前往厄瓜多尔以"杀人部落"骇称的奥卡族。然而令人惋惜！五天之后他们全部被奥卡人所杀害。这一事件震惊了整个美国。

后来吉姆·艾略特的妻子和其他宣教士们带着主的福音再度走进奥卡族部落。结局如何呢？那曾经杀害吉姆·艾略特和他同伴的奥卡族人后来都一一悔改归主。奥卡族人回顾当时的情形说："他们都是些奇怪的人。不知何故他们手中握着枪，却不向我们射击。"——因为他们是蒙了神的慈爱的人。

> 凡事都不可亏欠人，惟有彼此相爱，要常以为亏欠，因为爱人的就完全了律法。像那不可奸淫，不可杀人，不可偷盗，不可贪婪，或有别的诫命，都包在"爱人如己"这一句话之内了。爱是不加害于人的，所以爱就完全了律法。（罗马书13章8-10节）

世界上最崇高的爱就是神对人类的爱。神创造天地万物，创造我们人类，也是出于祂的大爱。

神创造万有和人类的爱

太初神怀抱着广袤浩瀚的宇宙空间。这是无始无终无穷无尽的空间，是与我们所认识的宇宙截然不同的境界。在这个空间里，诸世界照着神的意愿所造就和运转。那么，主宰万有无所不能的神

爱就完全了律法

为何创造了人类呢？

因为神愿意得到能够与祂一同分享祂所处空间之世界的美妙，以及凡事照着心愿成就的奇妙功效。就像我们有什么好处，愿意与心爱的人分享一样。神带着这样的指望，立定旨在获得真儿女的耕作人类的计划。

为此神首先将太初独一的宇宙空间划分为灵界和肉界。神为属灵的世界创造了天使、天军等众灵，并安置了所需的一切。神不仅预备了自己居住的空间，也预备了儿女们将来永居的天国的世界，以及他们接受耕作的基地。过了无数的岁月，神又创造了地球，并创造了日月星辰，山川草木等万物，为人类营造赖以生存的环境。

神的周围有天使等许多灵性的活物，由于神没有赋予它们自由意志，所以它们就像机器人，惟按指令行事，不能与神进行爱的交流。于是神愿意得到能与祂分享爱与被爱之幸福的真儿女，便照祂自己的形像创造了人类。尽管精致美观的机器人对人百依百顺，代人劳作，也无法取代儿女的地位。虽然偶尔会令父母伤心，但还是亲生的儿女更亲近更可爱。神的心情也是与之相似，愿意得到能与自己交流情感的真儿女。亚当是神以这般慈爱所造的首先的人。

神在东方的伊甸立了一个园子，把所造的亚当安置在那里。伊甸园是神为亚当预备的美地。在芳草萋萋，秀木葱茏，繁花锦簇，硕果丰盈的神妙绮丽的自然景致中，随处可见各种美丽可爱的动物悠然徜徉，惬然奔跃的情形。如丝柔风吹拂草叶窸窣作响，宛如细语喃喃，清澈透亮微波荡漾的湖水，在绚烂光辉的映射中，闪烁着如宝石般璀璨的光芒……那美妙的光景，无论你怎样以超极的想象

爱就完全了律法

力，用尽一切世上华美的辞藻，也是无法完美形容的。

神为亚当造一个美丽可爱的配偶帮助他，名叫夏娃。并不是因为亚当觉得孤独。而是长久岁月孤单独处的神，体贴亚当的心所给予的关照。他们在神所营造的佳美环境中，无数的岁月与神同行，得享身为万物之灵长所应有的大权柄。

通过耕作人类打造真正的儿女是神爱的体现

然而当初亚当和夏娃还不够具备真儿女的资格。神向他们倾注了慈爱，但他们却还不能感受父神的爱心。他们得享神所恩赐的一切，但因那些都不是他们劳碌得来的，所以不知道珍惜，也不懂得其意义所在。由于从未经历过仇恨，无从明白爱的真谛。只是知识性的认识，无法从心里感悟领会，因为从未亲身经历。

亚当和夏娃被蛇迷惑，偷吃善恶树果也是上述的原因。神曾吩咐他们说"你吃的日子必定死"（创世记2章17节），但他们不明白死是什么？那么，神难道不知道亚当会摘吃禁果吗？并非如此。神预知这一切，但神要给亚当自由选择的机会。这里蕴藏着神耕作人类的旨意。

神的旨意是叫人类在世受到耕作，经历流泪、悲哀、痛苦、忧愁和死亡，将来到了天国可以明白自己所拥有的一切何等宝贵，得享真正的幸福，从而能够在伊甸园所无法相媲的荣美的天国里与神分享爱与被爱的幸福，直到永永远远。

亚当和夏娃因悖逆神的吩咐，不能继续生活在伊甸园里。亚当因罪丧失了治理天下万物的权柄，其所辖的动植物也一同受了咒

爱就完全了律法

诅。美丽富饶的土地也长出了荆棘和蒺藜，人必终身劳苦，才能从地里得吃的。

尽管亚当和夏娃犯了罪，但神考虑到他们离开伊甸园到这地上需要适应截然不同的环境，便给他们做护身的皮衣穿上（创世记3章21节）。神此时焦急的心情好比送子远行修学的父母情怀。然而人类辜负神的心愿，对人类的耕作开始以来，人类急速被罪沾染，与神远离。

> 因为，他们虽然知道神，却不当作神荣耀他，也不感谢他。他们的思念变为虚妄，无知的心就昏暗了。自称为聪明，反成了愚拙，将不能朽坏之神的荣耀变为偶像，仿佛必朽坏的人和飞禽、走兽、昆虫的样式。（罗马书1章21-23节）

为了挽救这样的人类，神拣选以色列民族显明祂的旨意和大爱。当以色列民遵行神的旨意时，神就彰显惊人的奇事和神迹，并赐他们凡事亨通的祝福。反之随从外族的风俗迷拜偶像，犯罪作恶，远离神时，神就按时差遣诸多先知，向百姓传递祂的慈爱。其中有位先知名叫何西阿，是位以色列南北分裂，陷在罪中远离神的灰暗时代的先知。

有一天神对何西阿下了一道特殊的命令：“你去娶淫妇为妻，也收那从淫乱所生的儿女；”（何西阿书1章2节）何西阿作为一名虔诚的先知，做梦都没有想到自己会取一个浪荡女子为妻。虽未悟

爱就完全了律法

透神深奥的心意，但他顺从神的吩咐取了名叫歌篾的淫妇为妻。

　　一年、两年过去了，他们之间已有了三个孩子，歌篾却另有所欢，抛夫弃子私奔寻欢。神依然吩咐何西阿恒心不变地爱她（何西阿书3章1节）。何西阿遵命找到歌篾的下落，用银子十五舍客勒，大麦一贺梅珥半，将她赎买归己。

　　何西阿对歌篾的爱象征神对我们的慈爱。"淫妇歌篾"又是如同沾染罪污的人。就像何西阿娶淫妇为妻一样，神先爱我们这沉溺于尘世罪孽的人类。

　　神愿人类转离死亡之路，归向祂作天国的子民，便将无限的大爱显于世界。即或有人与世俗为友，暂时远离神恩，神也不会说："因你背叛了我，我不再收纳你。"反而以超乎那翘首企盼浪子归家的慈父的无限大爱，依然期待他早日迷途知返。

万世以前预备耶稣基督的大爱

　　路加福音15章里浪子的比喻，是父神恩慈之心的真实写照。故事中的小儿子从小在父亲的关爱和呵护下过富足的生活，却对自己优裕生活的宝贵和美好无所感悟，可谓"身在福中不知福"。有一天这个儿子要求父亲把他应得的那一份家产给他，然后起身往远方去。父亲还健在，竟跟父亲索要遗产，这个儿子一点都不懂得体贴父母的心情。

　　父亲见这不懂事的儿子主意已定，无法挽留，便将财产分给了他。儿子兴高采烈地启程踏上了远途。而父亲的伤痛从此开始。"我儿会不会有什么闪失？可千万不能碰到坏人啊！"——父亲终

爱就完全了律法

日劳心焦思，满怀离别的愁绪常朝着远处眺望，不知度过了多少个辗转难眠的夜晚。

没过多久，儿子在那里任意放荡，把父亲分给他的财产挥霍一空，只能屈辱地去为人放猪为生，落得饥不择食寒不择衣，甚至"恨不得拿猪所吃的豆荚充饥，也没有人给他"的地步。父亲看见带着满心的愧疚，一脸的沮丧而归回的儿子，喜出望外，跑去抱着他的颈项，连连与他亲嘴。又给他穿上上好的袍子，宰了肥嫩的牛犊，设摆筵席。这就是神的心怀。

神的慈爱恩泽并非只限于某个特定时代或特定人选。正如提摩太前书2章4节说"他愿意万人得救，明白真道"，神愿意所有的人都能领受救恩。神向世人敞开了救恩的大门，每一个灵魂归入主的名下，祂都欢欣喜悦，慷慨收纳。

神因着持恒不变的大爱，在万世之前预备了独生子耶稣基督，为全人类敞开了救恩的大门。希伯来书9章22节说："若不流血，罪就不得赦免了。"神就是这样把儿子耶稣的宝血和生命作为普世罪人的赎价。

神差他独生子到世间来，使我们藉着他得生，神爱我们的心在此就显明了。（约翰一书4章9节）

神使耶稣流尽宝血，旨在赎出人类脱离罪和死亡。耶稣被钉死在十字架上，然而因祂是无罪的，便能打破死亡权势，第三天从死里复活，给我们人类开辟了一条救恩的道路。为罪人舍出自己的独

爱就完全了律法

生子绝非容易的事。父母往往以"你是我的心头肉。"表示对儿女的爱怜之情，对父母而言，儿女比自己的生命还要宝贵。

因此，神舍出自己的独生爱子耶稣，是爱的极致表现。祂还为靠主宝血得赎的众人预备了荣美的天国，这是何等惊人的大爱啊！神的爱还不止于此。

赐下圣灵引入天国的大爱

凡接待耶稣基督，罪得赦免的人，都必领受所赐的圣灵。圣灵就是神的心。主耶稣复活升天之后，神把保惠师圣灵差遣到我们心里。

> 况且，我们的软弱有圣灵帮助，我们本不晓得当怎样祷告，只是圣灵亲自用说不出来的叹息替我们祷告。鉴察人心的，晓得圣灵的意思，因为圣灵照着神的旨意替圣徒祈求。（罗马书8章26-27节）

当人犯罪的时候，圣灵就以说不出来的叹息，催促人及时悔改归正。给小信的人坚固信心，给无望的人加增盼望。以慈母般的情怀，对神的儿女悉心呵护，精心培育，时常用圣灵的声音指引道路；使我们明白神的心意，领我们进入荣美的天国。

凡醒悟这一大爱的人，无不由衷地爱神。我们诚然爱神，神必以极大的慈爱报应我们，甚至超乎我们所思所想。使我们在世得享身体健壮，诸事亨通，凡事兴盛的美福。这是灵界的法则，同时也表明神的心愿，因为祂希望我们通过蒙祂赐福和应允，得以体悟祂自己奇妙的大爱。

爱我的，我也爱他；恳切寻求我的，必寻得见。（箴言8章17节）

当你初次遇见神获解各种问题时，有过何种感受呢？"像我这等罪人，居然蒙了这般赦罪之恩！"一定是这样领悟神的慈爱，心中无限感慨。"神无限的大爱，天纸海墨写不完，千言万语述不尽……"这首诗歌委实唱出了你的心声。当你想起神赐那没有忧愁，没有疾病，没有别离和死亡的永恒天国的大爱，一定心旌荡漾，感慨万千。

不是我们爱神，乃是神先爱我们，向我们伸出了施恩的手。祂爱我们并不是因为我们配得。当我们作罪人的时候，神将自己的独生爱子舍出来，作我们众人的赎价，显明祂那无限的大爱。祂爱我们所有的人，如同妇人时刻不忘她吃奶的孩子，无时无刻不在垂顾我们，等待我们千年如一日，一日如千年（以赛亚书49章15节）。

神的爱不像人的爱经不起时间的考验，而是永不改变的真爱。将来我们到了天国就会获得华美精致的冠冕、光明洁白的细麻衣，以及用黄金宝石修饰的荣美居所，届时我们看着神因着慈爱所预备的这一切，必会大喜过望，幸福洋溢。神在天上为我们预备荣耀的奖赏，并切盼与我们同享荣耀的那一日。在地的日子里，让我们能够感受到神这般奇妙的大爱。

爱就完全了律法

基督的爱

也要凭爱心行事，

正如基督爱我们，为我们舍了自己，

当作馨香的供物和祭物献与神。

（以弗所书5章2节）

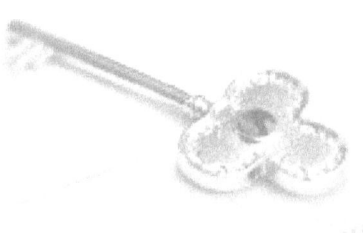

爱具有伟大的力量，可以使不可能化为可能。尤其神的爱和主的爱具有无与伦比的奇妙功效，可以将无能为力的人更新为凡事都能的人。不论寡闻少识的渔夫、声名败坏的税吏、饥寒交迫的贫民、孤苦无依的寡妇，凡见到耶稣的人，人生发生了180度的转变——脱离贫苦，病得医治，尤其平生第一次尝到了真爱的滋味。庸碌无能的人们，被更新为荣耀神的器皿。这就是爱的力量。

撇弃天上的荣耀降世为人的耶稣

太初以道的形式存在的神，成了肉身降生于地上人间，就是神的独生爱子耶稣为了拯救因罪而走向灭亡的人类而降世为人。耶稣这一名字包含着"要将自己的百姓从罪恶里救出来"之意（马太福音1章21节）。起初并非带着万王之王、万主之主的威荣而来。祂的降生并非安排在奢华的王宫，反而出身卑微低贱，生于马棚，卧于马槽。原因何在？

因为被罪恶所沾染，丧失神形像的人无异于兽类（传道书3章18节）。耶稣降生在牲口的棚里，预表祂将救赎那丧失人的本分，连兽都不如的人类；祂卧在喂牲口的槽里，则是表示祂将自己献作人类生命的粮（约翰福音6章51节），是要叫人恢复神的形像，尽人当尽的本分。

正如马太福音8章20节所说"狐狸有洞，天空的飞鸟有窝，人子却没有枕头的地方"，祂一生居无定所，风餐露宿，饥寒交迫。这并非因祂无能为力，乃是旨在赎出我们脱离贫穷的咒诅。对此哥林多后书8章9节提到："你们知道我们主耶稣基督的恩典；他本来富足，却为你们成了贫穷，叫你们因他的贫穷，可以成为富足。"

耶稣在迦拿的婚礼中显现变水为酒（葡萄酒）的神迹，以此拉开祂传道生涯的序幕。耶稣周游犹太和加利利地方传讲神国的福音，彰显许多奇事和神迹；瞎眼的看见，耳聋的听见，瘸腿的行走，大麻风得洁净，鬼附的得释放，甚至死了四天，尸已腐臭的人复活得生，从坟墓里走出来（约翰福音11章）。

耶稣在地上开展圣工期间彰显奇妙的大能，作神大爱的见证。祂虽本为道，与神为一，却自为标杆，全守律法。而且并不因自己全守律法而定那些不守律法之人的罪，说"你们违背律法就是死"。祂废寝忘食地教导真理，愿万人悔改得救，不愿一人败坏沦丧。

如果耶稣一味地用律法的标准去审断人类，恐怕这世界上就无人可以得救。律法是指神的命令，包括"当行的、不可行的、该离弃的、须遵守的"四类。"当守安息日"、"不可贪恋别人的房屋"、"当孝敬父母"、"各样的恶事禁戒不作"等均属于律法。律法可以归结为爱。因为践行律法的规条，可以从外观上显出爱的特征。

然而神希望人遵守律法是出于真诚的爱心，而不是单单停留在行为层面上。耶稣参透神心意，用爱完全了律法。祂对行淫的妇人所行的事便是典型的例子（约翰福音8章）。文士和法利赛人将一个行淫时被拿的妇人带到耶稣面前，叫那妇人站在当中，就对耶稣说：

> 摩西在律法上吩咐我们，把这样的妇人用石头打死。你说该把她怎么样呢？（约翰福音8章5节）

爱就完全了律法

他们说这话，是要得着告耶稣的把柄。此时这妇人的心情会怎样呢？罪行已被公之于众，妇人因惭愧和死亡的恐惧而战战兢兢，因为按照律法，行淫的人是要被处以石刑的。"用石头打死她"——只要耶稣的话音一落，她立刻就要被乱石击杀，其内心完全被恐惧所占据。

　　然而，耶稣并没有回答"要按律法处置"，只是突然弯着腰，用指头在地上画字。其内容就是人们普遍犯的罪名。祂——罗列那些罪名，随后直起腰来巡视众人说："你们中间谁是没有罪的，谁就可以先拿石头打她。"说完又弯着腰，用指头在地上画字。

　　这下又把聚在那里的众人所犯的罪详细地揭露——对何时，何处，犯了何罪了如指掌，仿佛亲眼所见。控告妇人的众人，因受到良心的谴责，一个一个走开了，只剩妇人仍旧站在当中，耶稣就问她说："妇人，那些人在哪里呢？没有人定你的罪吗？"妇人回答说："主啊，没有。"耶稣对她说："我也不定你的罪。去吧！从此不要再犯罪了。"

　　难道这个妇人不知道自己犯此罪会被处以石刑吗？并非如此。她也懂得律法，却因为情欲所胜而犯了罪。她的罪行已被暴露，注定要被处死，然而她意外地经历了耶稣的宽恕，得以绝处逢生，此时她一定万分感激，泪流满面。只要把耶稣的爱刻骨铭心，她一定不再触犯律法，得罪恩主。

　　耶稣宽恕了违犯律法的妇人，那么或许有人以为只要有爱神和邻舍的心，行为就不用拘泥于律法。这是认识上的误区。耶稣亲口说过"莫想我来要废掉律法和先知；我来不是要废掉，乃是要成全。"（马太福音5章17节）因有律法，我们可以更加完全地活出神的旨意。单凭人口中爱神的告白，是无法晓得其爱的长阔高深。律法就是衡量爱的准绳。之所以这么说是因为一个诚然爱神的人必然遵行律法。对专心爱神的人而言，遵行律法一点都不难。若要知道一个人爱神的程度，得看他行事为人合乎律法的精神有多少，这又决定其蒙神的爱和赐福的程度。

耶稣时代的律法主义者们注重律法的形式，对律法所包含的神的慈爱或使心成圣漠不关心。他们仅仅满足于行为层面，甚至引以为豪。他们深信自己是恪守律法，且常藉此对人论断和定罪。甚至污蔑讲解律法的实意和神心意的耶稣为癫狂了、附鬼了。

法利赛人没有爱，故无论怎样彻底遵行律法，也无法给自己属灵的生命带来帮助（哥林多前书13章1-3节）。他们非但不离弃心中的恶，反而将律法的知识作为论断、定罪的砝码，以致越来越与神疏远，最终犯下钉神子于十字架的不赦之罪。

存心顺服以至于死，完成十架旨意的大爱

当三年的传道生涯进入尾声，临受十架苦刑之前，耶稣上了橄榄山。此时夜幕已深，万籁俱寂，耶稣依然在那里为将要承受的十架苦难而恳切祷告。这是倾尽生命的呼求，为的是要用祂无辜流血的代价来救赎一切失丧的灵魂。祂尽心竭力地向神求赐能力，好使祂能够胜任这十架救赎的使命。耶稣祷告极其恳切，甚至身上的毛细血管破裂，汗珠如大血点，滴在地上（路加福音22章42-44节）。

那天晚上耶稣被捕，连夜受审，最终在彼拉多法庭被判死刑。罗马兵丁给祂戴上用荆棘编作的冠冕，吐唾沫在祂脸上，拿苇子打祂的头，戏弄完了，就把祂押往刑场（马太福音27章28-31节）。祂连夜受凌辱，遭鞭打，已是精疲力竭，伤痕累累。祂仍要用那血肉模糊的身躯背着木十字架，步履蹒跚地迈向各各他山顶。有一群人跟在祂的后面叫嚣喧闹——"把他钉十字架! 把他钉十字架! "曾经欢呼"和散那"的这一群人转瞬变成残忍的暴徒。耶稣脸上血迹斑斑，已无法认出祂，连夜的审讯拷打，使祂已经极度虚脱，寸步难行。

耶稣到了各各他山顶，为了替我们人类赎罪，被钉在十字架上。就是为了赎出我们脱离"罪的工价乃是死"（罗马书6章23节）这一律法的咒诅，被钉于木十字架，流尽了宝血，为我们舍命。祂头戴荆棘冠冕而流血，是要代赎我们在心思意念上所犯的一切罪；祂双手双脚被钉流血，是要代赎我们用手脚所犯的一切罪。那些无知的百姓和官员们肆无忌惮地讥诮和嘲弄耶稣（路加福音23章35-37节）。然而耶稣甘心为世人承受这般苦痛，凭着无限宽仁与慈爱的情怀为那些害祂、钉祂的人祷告说：

父啊，赦免他们! 因为他们所作的，他们不晓得。（路加福音23章34节）

耶稣在十字架上开口说了第一句话——"我渴了! "（约翰福音19章28节），此时祂被钉十字架已是整整六个小时。祂的渴，乃

爱就完全了律法

是属灵的渴，表示寻救失丧灵魂的迫切愿望。这是令人深思祂流血舍命之缘由的呼声，也是对我们传扬十架福音，拯救无数失丧灵魂的切切嘱托。

过后耶稣又说："成了！"（约翰福音19章30节）最后说了一句："父啊，我将我的灵魂交在你手里！"（路加福音23章46节）便殒命了。祂已把自己献作挽回祭，完成了救赎人类的使命，便将自己的灵魂交托于父神。这是人类历史上空前绝后的悲壮一幕，是崇高无上的大爱淋漓尽致的诠释。

从此神人之间的罪墙拆毁，我们便得以直接与神交通。从前大祭司替我们献赎罪的祭，可如今就不同了。凡信耶稣基督的人都可以进入圣殿，直接向神敬拜。

神凭着慈爱吸引众人进入祂所预备的天国住处

背负十字架之前，耶稣向门徒揭晓将来的事。耶稣承受十架苦难是要成就神的旨意，然而门徒们听了倒是深感忧愁。于是耶稣对他们讲述天国的情形来安抚他们。

你们心里不要忧愁，你们信神，也当信我。在我父的家里有许多住处；若是没有，我就早已告诉你们了。我去原是为你们预备地方去。我若去为你们预备了地方，就必再来接你们到我那里去；我在那里，叫你们也在那里。（约翰福音14章1-3节）

照着此言，耶稣打破死亡权势，从死里复活，在众目注视下升天，去预备天国的住处。那么"预备地方去"的意思是什么呢？

意味着耶稣拆毁了人类与神隔断的罪墙，凡信祂的，都可以承受神的国，正如约翰一书2章2节所说："他为我们的罪作了挽回祭，不是单为我们的罪，也是为普天下人的罪。""在我父的家里有许多住处"这句话里包含着主愿万人得救的心愿。不说"天国里有许多住处"，而说"我父的家里"乃是因着耶稣宝血的功效，我们可以称神为"阿爸，父！"

主如今还在不住地为我们做中保祷告。祂不吃也不喝，在神的宝座前恳切祈求（马太福音26章29节），祈求让我们在世受好耕作，得胜有余；得蒙灵魂兴盛的祝福，彰显神的荣耀。

不仅如此，耕作人类的工程完毕，白色大宝座审判来临时，主也不能释怀。因为众人都要站在神的台前，按各人所行的，接受分毫不差的公义的审判。主为了使蒙恩得救的神的儿女们进入更美的天国，得到更荣美的居所和奖赏而进行辩护——"这是我用宝血洗净的"。因祂曾经降世为人，历尽人间冷暖，分外体恤我们，便以律师的身份为我们辩护。总之，基督的大爱所及无穷，人无从测透！

神透过耶稣基督，显明祂对我们的慈爱。这爱是不惜流尽最后一滴血的舍命的大爱。是无条件的、永不改变的爱，是饶恕我们七十个七次的无限宽容的大爱。有谁能使我们与神的这一大爱隔绝呢？

因为我深信无论是死，是生，是天使，是掌权的，是有能的, 是现在的事, 是将来的事, 是高处的, 是低处的, 是别的受造之物, 都不能叫我们与神的爱隔绝; 这爱是在我们的主基督耶稣里的。(罗马书8章38-39节)

使徒保罗因领悟到神和基督的大爱, 便能彻底扭转自己的生命取向, 单单顺从神的旨意, 为使徒的使命奉献他自己的一生。他投身于拯救外邦人的圣工, 不以自己的性命为念, 践行神超乎公义的慈爱, 将无数的灵魂领入救恩之路。他被一些人污蔑为异端, 遭到百般的逼迫苦害, 但他依然践行主的爱, 完全活出律法的实意, 一生致力于传福音的圣工, 将父神和恩主那长阔高深无可测度的大爱传于万方, 直到地极。奉主的圣名祝福各位读者能够用爱完全律法, 成为神真正的儿女, 将来在天国至美的圣城——新耶路撒冷, 与父神和恩主同享真爱与幸福, 直到永远!

爱就完全了律法

Love Is the Fulfillment of the Law

本书所引圣经经文取自《现代标点和合本》

作　　者: 李载禄

编　　辑: 宾锦善

设　　计: 乌陵出版社设计组

发　　行: 乌陵出版社（发行人: 卢景泰）

印　　刷: 艺源印刷厂

出版日期: 2009年11月初版（韩国, 乌陵出版社, 韩国语）
　　　　　2013年 7月初版（韩国, 乌陵出版社）

Copyright © 2013 李载禄博士

ISBN 978-89-7557-803-8

Translation Copyright © 2013 郑求英博士

问 讯 处: 乌陵出版社

电　　话: 82-2-837-7632 / 82-70-8240-2072

传　　真: 82-2-869-1537

"乌陵"是旧约时代大祭司为了求问神的旨意放在决断胸牌里使用的器物之一，希伯来语意为"光"（出28:30）